1700

ÉVÉNEMENTS [HISTO]RIQUES

Louis XV (1715-1774)

- 1705 : Première machine à vapeur industrielle

ARTS ET LITTÉRATURE

Frontispice de *L'Encyclopédie* peint par Charles Nicolas Cochin et gravé par Benoît-Louis Prévost (1772)

◄ A
Dide
en h
Rais
qui s
foul
artis

- 1721 : Montesquieu, *Lettres persanes*
- 1730 : Marivaux, *Le Jeu de l'amour et du hasard*
- 1731-1734 : Marivaux, *La Vie de Marianne*
- 1731 : Prévost, *Histoire du chevalier des Grieux [et de] Manon Lescaut*
- 1748 : Montesquieu, *De l'esprit des lois*
- 1748 : Voltaire, *Zadig ou la Destinée*
- 1750 : Rousseau, *Discours sur les sciences et les [arts]*

● 1661 : Début du règne personnel de Louis XIV et de l'absolutisme

● 1662-1683 : Colbert ministre

:

● 1685 : Révocation de l'édit de Nantes

ASSICISME

al de mesure, de pureté et de naturel
ɡularisation du théâtre
ité de la littérature : plaire pour instruire

ɔcu par sa femme et sa mère, Nicolas Poussin (vers 1653)

'eau associe la tension dramatique d'un épisode ire romaine (Coriolan lève son épée contre sa : sa mère) et la portée morale et universelle (les res de gauche sont des allégories de Rome et de e). Le tout dans un tableau au calme équilibre.

Pascal, *Pensées* ;
:, *Sermon sur la mort*
678 :
ıefoucauld, *Maximes*
Molière,
ınthrope
Racine, *Britannicus*
694 : La Fontaine,

- 1669 : Molière, *Tartuffe*
- 1674 : Boileau, *Art poétique*
- 1677 : Racine, *Phèdre*
- 1678 : Mme de La Fayette, *La Princesse de Clèves*
- 1688-1696 : La Bruyère, *Les Caractères*
- 1697 : Perrault, *Contes*

1750

Louis XVI (1774-1795)

De la Ire Rép. au Consulat (1792

● 1761-1764 : Affaire Calas

● 1789 : Prise de la Bastille

● 1776-1778 : Guerre d'Indépendance des États-Unis

● 1 Lou

● 1741-1748 : Guerre de Succession d'Autriche

ES LUMIÈRES

Supériorité de la raison et du savoir sur la superstition
Exercice de l'esprit critique dans les questions religieuses, politiques, morales, scientifiques
Foi dans le progrès et dans la propagation des connaissances

égorie de la Raison gravée à la demande de
rot pour l'*Encyclopédie*. Il la décrit ainsi : « On voit
aut la Vérité entre la Raison et l'Imagination : la
n qui cherche à lui arracher son voile, l'Imagination
e prépare à l'embellir. Au-dessous de ce groupe, une
de philosophes spéculatifs, plus bas la troupe des
es. » (*Salon de 1765*)

et de

arts

- 1751-1780 : *Encyclopédie*
- 1759 : Voltaire, *Candide ou l'Optimisme*
- 1761 : Rousseau, *Julie ou la Nouvelle Héloïse*
- 1764 : Voltaire, *Dictionnaire philosophique*
- 1765-1796 : Diderot, *Jacques le fataliste*
- 1765-1770 : Rousseau, *Confessions*
- 1772 : Diderot, *Supplément au voyage de Bougainville*
- 1777 : Diderot, *Paradoxe sur le comédien*
- 1778 : Rousseau, *Les Rêveries du promeneur solitaire*
- 1782 : Laclos, *Les Liaisons dangereuses*
- 1784 : Beaumarchais, *Le Mariage de Figaro*
- 1785 : Chénier, *Les Bucoliques*

00 — 1650

Louis XIII (1610-1643) — Louis XIV (1643-1715)

- 1624-1642 : Richelieu ministre
- 1643-1661 : Mazarin ministre
- 1635 : Fondation de l'Académie française
- : Édit de Nantes
- 1648-1653 La Fronde

SITÉ

ble
ıt
ıorphoses
de la préciosité

Rapt de Proserpine,
Bernin (1622)

▲ C'est le mouvement qui est privilégié par Le Bernin, sculpteur emblématique du baroque italien.

607-1627 : D'Urfé, *L'Astrée*
616 : D'Aubigné, *Les Tragiques*
628 : Malherbe, *Œuvres poétiques*
636 : Corneille, *L'Illusion comique*
637 : Corneille, *Le Cid*

CLA

Idé
Ré
Uti

Coriolan vai

▲ Le tab
de l'histo
femme e
deux figu
la Fortun

- 1662 :
Bossue
- 1665-
La Roc
- 1666 :
Le Mis
- 1669 :
- 1668-
Fables

1800 — 1

-1804) | Napoléon Ier (1804-1814) | Restauration et mon. de Juillet (1814-1848) | I

- 1805 : Code civil
- 1805 : Victoire d'Austerlitz
- 1830 : Révolution de Juillet
- 793 : …s XVI guillotiné
- 1815 : Défaite de Waterloo
- 1848 : Révolutior de Février
- 1799 : Coup d'état de Napoléon Bonaparte

ROMANTISME

- Libération des règles fixées par le classicisme
- Promotion du « moi » et des sentiments
- Mélancolie et « mal du siècle »
- Goût pour le spirituel, le mystérieux voire le surnaturel

▶ Clair obscur qui sert la dramatisation, épisode légendaire de l'histoire de France, opposition forte des deux figures : l'innocence et la fragilité contre la tyrannie. Ce tableau connaît un grand succès au salon de 1824 qui marque la naissance officielle de la peinture romantique.

Jeanne d'Arc malade est interrogée dans sa prison par le cardinal de Winchester, Paul Delaroche (1824)

- 1802 : Chateaubriand, *René*
- 1809-1848 : Chateaubriand, *Mémoires d'outre-tombe*
- 1820 : Lamartine, *Méditations poétiques*
- 1826-1847 : Balzac, *La Comédie humaine*
- 1830 : Hugo, *Hernani*
- 1830 : Stendhal, *Le Rouge et le Noir*
- 1834 : Musset, *Lorenzaccio*
- 1835 : Hugo, *Les Rayons et les Ombres*
- 1836 : Musset, *La Confession d'un enfant du siècle*
- 1839 : Stendhal, *La Chartreuse de Parme*

1550 — 16

Charles IX (1560-1574) | Henri III (1574-1589) | Henri IV (1589-1610)

- 1562-1598 : Guerres de religion
- 1572 : Massacre de la Saint-Barthélemy
- 1598

BAROQUE ET PRÉCIO

- Représentation d'un monde insta
- Art du contraste et du mouveme
- Thèmes de l'illusion et des métar
- Jeux de salons et poésie galante

au
éraires
e
crit
ée
rale.
gies
et
ciel à

La Pléiade
En 1553, Ronsard rassemble autour de lui six poètes qui ont tous pour but de renouveler la poésie française. Ils cherchent à enrichir la langue française par l'imitation des anciens auteurs grecs et romains. Ils rejettent les formes poétiques du Moyen Âge et privilégient le sonnet qu'ils empruntent à Pétrarque. Leurs poèmes s'inspirent souvent de la mythologie gréco-romaine et ils ont une véritable fascination pour la Rome antique. C'est dans son ouvrage *Défense et illustration de la langue française* que du Bellay expose leurs idées et leurs principes.

Le
Le

- 1549 : Du Bellay, *Défense et illustration de la langue française*
- 1552 : Ronsard, *Les Amours*
- 1558 : Du Bellay, *Les Regrets*
- 1562 : Ronsard, *Discours des misères de ce temps*
- 1580-1592 : Montaigne, *Essais*
- 1594 : Chassignet, *Mépris de la vie et consolation contre la mort*

350 — 1900

IIe Rép. (1848-1852) Napoléon III (1852-1870) IIIe République (1870-1940)

- 1851 : Coup d'État de Louis-Napoléon Bonaparte
- 1853-1870 : Grands travaux du préfet Haussmann, à Paris
- 1870 : Défaite de Sedan
- 1871 : Commune de Paris
- 1894-1906 : Affaire Dreyfus

RÉALISME	**NATURALISME**
PARNASSE	**SYMBOLISME**

- **Le réalisme** : peinture de la réalité contre l'idéalisation romantique ; promotion de la description, jeux de focalisation.
- **Le naturalisme** : peinture des milieux sociaux et de leur influence sur les individus ; utilisation des dernières découvertes médicales sur la folie ou l'hérédité ; démarche expérimentale.
- **Le Parnasse** : culte de la beauté pure et de l'art pour l'art ; recherche de la perfection formelle.
- **Le symbolisme** : promotion du symbole et de l'image ; suggérer plutôt que nommer ; recherche d'une nouvelle musicalité par la libération progressive de la versification.

- 1853 : Hugo, *Les Châtiments*
- 1857 : Baudelaire, *Les Fleurs du mal*
- 1857 : Flaubert, *Madame Bovary*
- 1862 : Hugo, *Les Misérables*
- 1866 : Verlaine, *Poèmes saturniens*
- 1869 : Flaubert, *L'Éducation sentimentale*
- 1869-1872 : Rimbaud, *Poésies*
- 1871-1893 : Zola, *Les Rougon-Macquart*
- 1885 : Maupassant, *Bel Ami*
- 1886 : Rimbaud, *Illuminations*
- 1887 : Mallarmé, *Poésies*

Portrait pré
Giorgio De

- 1913
- 1913-
- 1924
- 1926
- 1932
- 1938
- 1942
- 1942
- 1942

1450

Louis XII (1498-1515) François Ier (1515-1547) Henri II (1547-1559

- 1453 : Constantinople (Byzance) prise par les Turcs
- 1456 : Débuts de l'imprimerie
- 1492 : Découverte des Amériques
- 1494-1559 : Guerres d'Italie
- 1517 : Début de la Réforme protestante
- 1529 : Fondation du Collège de France
- 1539 : Ordonnance de Villers-Cotterêts

417 :
:hisme
nt

HUMANISME

- L'homme au centre des préoccupations
- Curiosité pour tous les domaines du savoir
- Redécouverte des textes antiques
- Rénovation de l'Église et des pratiques religieuses

Portrait d'*Érasme de Rotterdam*, Holbein le jeune (vers 1523)

◀ Ce portrait montre l'humaniste hollandais travail. Les activités litt sont représentées par l parchemin sur lequel é Érasme. La bouche pin rappelle son œuvre mc Le profil évoque les eff des empereurs romains donne un caractère off ce portrait intime.

romanes

a
la vie

de

- 1511 : Érasme, *Éloge de la Folie*
- 1516 : More, *Utopie*
- 1532 : Rabelais, *Pantagruel*
- 1534 : Rabelais, *Gargantua*
- 1532-1538 : Marot, *L'Adolescence clémentine*

1950

Vichy (1940-1945) IVe Républiq

- 1914-1918 : Première guerre mondiale
- 1917 : Révolution russe
- 1929 : Krach boursier à Wall Street (New-York)
- 1933 : Hitler au pouvoir en Allemagne
- 1936-1939 : Guerre civile espagnole
- 1939-1945 : Seconde guerre mondiale
- 1949 : Proclamati de la République populaire de Chine
- 1954-19 Guerre d'A
- 195 écono
- Gu

SURRÉALISME

- Représentation de la surréalité, conçue comme fusion du rêve et de la réalité
- Écriture automatique et jeux littéraires collectifs
- Un art subversif et anticonformiste

monitoire de Guillaume Apollinaire, Chirico (1914)

◀ De Chirico conçoit son tableau comme une « énigme » à déchiffrer. Comme dans le rêve, il joue sur la condensation des images qui autorise lectures et interprétations diverses. Apollinaire en empereur antique et en ombre chinoise. Le poisson et la coquille, symboles d'Orphée. Les lunettes noires suggérant la cécité, image de la sagesse. Le tout est un portrait du poète.

Apollinaire, *Alcools*
1927 : Proust, *À la recherche du temps perdu*
Breton, *Manifeste du surréalisme*
Éluard, *Capitale de la douleur*
Céline, *Voyage au bout de la nuit*
Sartre, *La Nausée*
Aragon, *Les Yeux d'Elsa*
Camus, *L'Étranger*
Ponge, *Le Parti pris des choses*

NOUVE

- Refus des
- Déconstr
- Critique

▶ Fragilité, sol humaine, desti naissance et él Comme prise e terre, la figurir sculptée par Gi chemin avec et à la fois.

bronze

- 1950 : Iones
- 1951 : Gracq
- 1953 : Becke
- 1957 : Sarrau
- 1957 : Butor,
- 1957 : Robbe
- 1960 : Simon
- 1963 : Le Clé
- 1964 : Sartre
- 1984 : Duras

e trône,
main
nation

christianisme
le religion
de l'Empire

: Chute de
, fin de l'Empire
n d'Occident

MOYEN ÂGE

- IXe siècle : Invasions normandes
- XIe siècle : Développement des ordres religieux
- 1163 : Hérésie cathare
- 1180-1223 : Règne de Philippe-Auguste
- Fin du XIIe siècle : Développement des ordres mendiants
- 1226-1270 : Règne de saint Louis
- 1337-1475 : Guerre de Cent ans
- 1348-1358 : Peste noire
- 1378-
Grand s
d'Occid

- Architecture romane et gothique
- Art du vitrail
- Roman de chevalerie
- Poésie courtoise

La Résurrection des morts, vitrail provenant de la Sainte-Chapelle

▲ L'art du vitrail se développe au XIIe siècle avec les églises et prend tout son essor dès le XIIIe siècle dans l'architecture gothique. Le vitrail a une fonction pratique (laisser passer lumière) et narrative (raconter et magnifier les épisodes de du Christ et des saints).

dans l'*Iliade*
nstitution
seul le
'océan qui
; la frise
x, la guerre,

- 1070 : *Chanson de Roland*
- 1170 : *Roman de Renart*
- Fin du XIIe siècle : Romans de Chrétien de Troyes
- XVe siècle : Charles d'Orléans, *Ballades*
- 1461 : François Villon, *Testament*
- XIVe siècle : Poésie lyrique d'Eustache Deschamps, Guillaume Machaut, Christine de Pisan, Thibaut de Champagne

2000

ue (1946-1958) Ve République (1958-…)

2 :
lgérie
on

1968 :
Événements de mai en France

1989 :
Chute du mur de Berlin

' : Création de la Communauté
mique européenne

959-1975 :
erres du Viêt Nam

EAU ROMAN

conventions du roman traditionnel
uction du personnage romanesque
le la description et des procédés du réalisme

tude, condition
, distance,
ignement.
ncore dans la
e humaine
acometti va son
sans nous tout

L'homme qui marche,
l'Alberto Giacometti (1960)

o, *La Cantatrice chauve*
. *Le Rivage des Syrtes*
t, *En attendant Godot*
te, *Tropismes*
La Modification
-Grillet, *La Jalousie*
, *La Route des Flandres*
zio, *Le Procès-verbal*
Les Mots
L'Amant

Frise chronologique

ANTIQUITÉ

ÉVÉNEMENTS HISTORIQUES

- Vers – 3300 : Premières écritures
- – 753 : Fondation de Rome
- – 509 à – 27 : République romaine
- – 443 : Périclès stratège à Athènes
- – 336 : Début du règne d'Alexandre le Grand
- – 27 : Auguste sur
début de l'Empire rc
- 29 : Condam
à mort de Jésu
- 394 : L
est la seu
officielle
- 47
Rom
roma

ARTS ET LITTÉRATURE

- Naissance du théâtre
- Grandes écoles philosophiques
- Mythologies fondatrices

Le bouclier d'Achille,
Nicolas Vleughels (1715)

▲ Le bouclier d'Achille que décrit Homère
n'a jamais existé. Ce dessin en est une recc
à partir du texte grec. Le bouclier est à lui
monde. La bordure extérieure représente
entoure le monde ; son centre est l'univer
figure les préoccupations humaines (la pai
l'agriculture, la cité, la vie pastorale).

FICHES BAC

1re générale

BAC 2020

Français

VOIE GÉNÉRALE

Hélène Bernard
Agrégée de Lettres modernes
Lycée Albert Camus (Bois-Colombes)

Denise Maréchal
Agrégée de Lettres modernes
Lycée Le Likès – La Salle (Quimper)

Bérangère Touet
Agrégée de Lettres modernes
Lycée Marie Curie (Nogent-sur-Oise)

Sophie Saulnier
Agrégée de Lettres modernes

Swann Spies
Agrégé de Lettres modernes
Lycée Cassini (Clermont)

Hatier

Crédits iconographiques (dépliant) :
I : ph © Archives Hatier
II : ph © Josse/Leemage
III : ph © Josse/Leemage
V : ph © Jemolo/Leemage
VI : ph © Christian Jean/RMN
VII : ph © Selva/Leemage
IX : ph © Dist. RMN/The Trustees of the Wallace Collection
XI : ph © Adam Rzepka/Collection Centre Pompidou, Dist. RMN - © ADAGP, Paris 2015
XII : © Succession Alberto Giacometti (Fondation Alberto et Annette Giacometti, Paris/ADAGP, Paris 2015)

Maquette de principe : Frédéric Jély
Mise en pages : STDI
Schémas : Nord Compo
Iconographie : Hatier illustration
Édition : Charlotte Davreu et Jessica Alléguède

ISBN 978-2-401-05272-7

SOMMAIRE

Quand vous avez révisé une fiche, cochez la case ❐ *correspondante !*

Les objets d'étude et les œuvres au programme 2019-2020

La poésie, du XIXe au XXIe siècle

1 Le genre poétique ❐ 7
2 La poésie au XIXe siècle ❐ 9
3 La poésie aux XXe et XXIe siècles ❐ 11
4 La versification ❐ 13
5 Analyser un poème ❐ 15
6 **QUIZ** ***EXPRESS*** ❐ 17
7 **FLASHCARDS** ❐ 19
8 Hugo, *Les Contemplations* (livres I à IV) • Parcours : « Les Mémoires d'une âme » ❐ 21
9 Baudelaire, *Les Fleurs du Mal* • Parcours : Alchimie poétique : la boue et l'or ❐ 23
10 Apollinaire, *Alcools* • Parcours : Modernité poétique ? ❐ 25
11 **QUIZ** ***EXPRESS*** ❐ 27
12 **FLASHCARDS** ❐ 29

La littérature d'idées du XVIe au XVIIIe siècle

13 Qu'est-ce que la littérature d'idées ? ❐ 31
14 La littérature d'idées aux XVIe et XVIIe siècles ❐ 33
15 La littérature d'idées au XVIIIe siècle ❐ 35
16 Les stratégies argumentatives ❐ 37
17 Analyser un texte d'idées ❐ 39
18 **QUIZ** ***EXPRESS*** ❐ 41
19 **FLASHCARDS** ❐ 43

20 Montaigne, *Essais* (I, 31 et III, 6) •
Parcours : « Notre monde vient d'en trouver un autre » . . . ❐ 45

21 La Fontaine, *Fables* (livres VII à XI) •
Parcours : Imagination et pensée au XVIIe siècle . . . . ❐ 47

22 Montesquieu, *Lettres persanes* •
Parcours : Le regard éloigné . . . . ❐ 49

23 **QUIZ** ***EXPRESS*** . . . . ❐ 51

24 **FLASHCARDS** . . . . ❐ 53

Le roman et le récit, du Moyen Âge au XXIe siècle

25 Les écritures narratives . . . . ❐ 55

26 Le récit, du Moyen Âge au XVIIIe siècle . . . . ❐ 57

27 Le récit au XIXe siècle . . . . ❐ 59

28 Le récit depuis le XXe siècle . . . . ❐ 61

29 Analyser un extrait de récit . . . . ❐ 63

30 **QUIZ** ***EXPRESS*** . . . . ❐ 65

31 **FLASHCARDS** . . . . ❐ 67

32 Madame de Lafayette, *La Princesse de Clèves* •
Parcours : Individu, morale et société . . . . ❐ 69

33 Stendhal, *Le Rouge et le Noir* •
Parcours : Le personnage : esthétiques et valeurs . . . . . ❐ 71

34 Yourcenar, *Mémoires d'Hadrien* •
Parcours : Soi-même comme un autre . . . . ❐ 73

35 **QUIZ** ***EXPRESS*** . . . . ❐ 75

36 **FLASHCARDS** . . . . ❐ 77

Le théâtre, du XVIIe siècle au XXIe siècle

37 Le genre théâtral . . . . ❐ 79

38 Le théâtre au XVIIe siècle . . . . ❐ 81

39 Le théâtre aux XVIIIe et XIXe siècles . . . . ❐ 83

40 Le théâtre au XXe et XXIe siècles . . . . ❐ 85

41 Analyser un extrait de théâtre . . . . ❐ 87

42 **QUIZ** ***EXPRESS*** . . . . ❐ 89

43 **FLASHCARDS** . . . . ❐ 91

44 Racine, *Phèdre* • Parcours : Passion et tragédie ❐ 93
45 Beaumarchais, *Le Mariage de Figaro* • Parcours : La comédie du valet ❐ 95
46 Beckett, *Oh Les beaux jours* • Parcours : Un théâtre de la condition humaine ❐ 97
47 **QUIZ** *EXPRESS* ❐ 99
48 **FLASHCARDS** ❐ 101

Préparer l'écrit et l'oral du nouveau bac

Connaître les exercices du bac

49 Rédiger un commentaire de texte ❐ 103
50 Rédiger une dissertation sur une œuvre ❐ 105
51 Expliquer un texte à l'oral ❐ 107
52 **QUIZ** *EXPRESS* ❐ 109

Maîtriser les outils d'analyse grammaticale et littéraire

53 Analyser le lexique ❐ 111
54 Analyser les phrases ❐ 113
55 Étudier l'énonciation ❐ 115
56 Reconnaître les figures de style ❐ 117
57 Identifier la tonalité d'un texte ❐ 119
58 **QUIZ** *EXPRESS* ❐ 121
59 **FLASHCARDS** ❐ 123

Améliorer ses écrits

60 Faire des phrases courtes et bien construites ❐ 125
61 Exprimer des relations logiques ❐ 127
62 Éviter les répétitions ❐ 129
63 Écrire sans fautes ❐ 131
64 **QUIZ** *EXPRESS* ❐ 133
65 **FLASHCARDS** ❐ 135

Être à l'aise à l'oral

66 Se présenter devant un public .... ❐ 137
67 Capter l'attention de l'auditoire .... ❐ 139
68 Se faire comprendre .... ❐ 141
69 QUIZ *EXPRESS* .... ❐ 143

DÉPLIANT

Une frise chronologique d'histoire littéraire

Le site de vos révisions

L'achat de ce Fiches bac vous permet de bénéficier d'un ACCÈS GRATUIT* à toutes les **ressources** d'annabac.com (fiches, quiz, sujets corrigés…) et à ses **parcours de révision** personnalisés.

Pour profiter de cette offre, rendez-vous sur **www.annabac.com** dans la rubrique « Je profite de mon avantage client ».

* Selon les conditions précisées sur le site.

Le genre poétique

1

☐ OK

La poésie est avant tout un travail sur les mots, sur le langage : est poète celui qui réinvente la langue. Ce faisant, la poésie réinvente le monde : elle nous le donne à voir autrement.

I Réinventer la langue

1 L'usage courant de la langue

- Un mot a une face matérielle, **le signifiant** (ensemble de sons et de lettres), et une face immatérielle qui est dotée d'un sens : **le signifié**.
- Signifié et signifiant sont indissociables l'un de l'autre et renvoient à un objet du monde (**le référent**), qu'il soit concret « la table » ou abstrait « le bien ». Qu'on le nomme « table » ou *tavola*, l'objet table ne change pas. On dit que le mot est **arbitraire** ou **immotivé** : il n'y a pas de lien direct entre le mot et l'objet qu'il désigne.

2 L'usage poétique de la langue

- Le poète Stéphane Mallarmé regrette que les mots de la langue soient si mal assortis à ce qu'ils désignent (leur référent). Ainsi, il considère que les **sonorités des mots** « jour » et « nuit » ne correspondent pas à la réalité qu'ils désignent : alors que le mot « nuit » a un timbre clair, le mot « jour » a un timbre sombre.
- C'est alors à la poésie de « **rémunérer le défaut des langues** » : chercher à ce que les mots arrivent à être plus près des choses. Dans l'usage poétique de la langue, le poète cherche à faire correspondre forme et sens, à **remotiver** les mots.
- « Manier savamment une langue, c'est pratiquer une espèce de *sorcellerie évocatoire.* » Comme l'écrit Baudelaire, c'est donc bien le travail sur la langue qui permet de créer un monde. C'est ce que fait la poésie.

> **À noter**
> Le mot « **poésie** » vient du verbe grec *poiein* qui signifie « faire, créer ». Le poète est celui qui, à l'aide de la matière des mots, crée un monde.

3 Le poète, un être à part ?

- Le poète est souvent pensé comme un être à part, qui a accès à une autre vérité, au-delà du langage de tous les jours.

- Le poète « **pareil aux prophètes** [...] voit, quand les peuples végètent ! », c'est ainsi que Victor Hugo le définit dans un poème intitulé « Fonction du poète » (1829). Plus tard, en 1871, Arthur Rimbaud écrit que « Le Poète se fait **voyant** par un long, immense et raisonné dérèglement de tous les sens ».

II L'apport des contraintes

On pourrait penser que les nombreuses contraintes de la versification brident l'imagination. Or, comme l'écrit Baudelaire à propos du sonnet « parce que la forme est contraignante, l'idée jaillit plus intense ». On peut, à partir de là, donner quelques caractéristiques de la poésie.
▶ FICHE 4

- L'**intensité**. Les formes sont souvent brèves, l'idée doit se mouler dans le mètre du vers. Cela oblige à chercher l'intensité plutôt que la longueur, ce que permet la métonymie : « la pâle mort » = la mort qui rend pâle.
- La **suggestion.** La poésie n'est pas explicative, elle montre, elle suggère. Pour cela, elle se sert d'images. Toutes les figures de l'analogie sont privilégiées : comparaison, métaphore, allégorie, personnification.
- Les **rapprochements**. Les mots mis à la rime ont du poids, ils sont mis en relation, et cette relation peut créer du sens. Ainsi, il n'est pas anodin de mettre à la rime « tyrannique » et « république » (La Fontaine).
- Les **mises en relief**. Anaphores, parallélisme, chiasmes se jouent des structures du vers. L'alexandrin et sa césure à l'hémistiche peuvent renforcer le poids d'une antithèse : « Qui produit la richesse/en créant la misère. » (Victor Hugo)

À noter

On qualifie d'**art poétique** un poème dans lequel le poète expose sa conception de la poésie et la met en pratique (ex. : Verlaine, « Art poétique »).

L'ESSENTIEL

Le genre poétique

- **Usage poétique de la langue**
  - remotiver les mots ; faire correspondre forme et sens
- **Apport des contraintes de la versification**
  - intensité
  - suggestion
  - rapprochements
  - mises en relief

La poésie au XIXe siècle

2

☐ OK

Le XIXe siècle révolutionne la poésie de l'âge classique, tant dans son contenu que dans ses formes.

I Trois influences

1 Le romantisme

- Le courant romantique, qui marque l'histoire des idées au cours de la première partie du XIXe siècle, trouve dans la poésie un genre particulièrement adapté à **l'expression des sentiments.**
- Les *Méditations poétiques* d'Alphonse de Lamartine, parues en 1820, sonnent le début de la poésie romantique marquée par le **lyrisme** : l'amour, la fuite du temps, la nature en sont les principaux thèmes.
- Après l'échec des révolutions de 1830 et de 1848, certains poètes se tournent vers une **écriture repliée sur le « je » et ses souffrances**. Ainsi Alfred de Musset écrit : « Faire une perle d'une larme, / Du poète ici-bas voilà la passion ». D'autres prolongent leur **action politique** dans la poésie, comme Victor Hugo avec son recueil *Les Châtiments* (1852).

2 Le Parnasse

Lassés du lyrisme romantique, ainsi que du réalisme et du naturalisme, certains poètes (Théophile Gautier, Leconte de Lisle, José-Maria de Hérédia, Banville, Villiers de l'Isle-Adam) revendiquent une **poésie qui cherche le Beau et non l'utile**. Ils prônent une poésie impersonnelle. La beauté de la forme l'emporte sur le sens. C'est **l'Art pour l'Art**.

3 Le symbolisme

- D'accord avec le Parnasse pour se positionner **contre le naturalisme** qui prétend expliquer mécaniquement l'homme, le symbolisme s'en démarque néanmoins.
- Le sens n'est pas donné d'emblée : il est suggéré par des images, le symbole, mystère à déchiffrer dont le poète peut donner les clés ; c'est ce que fait Charles Baudelaire dans les « Correspondances ». D'autres, comme Stéphane Mallarmé s'engagent dans une poésie plus hermétique.

À noter

Il est souvent difficile de réduire un poète à un seul mouvement littéraire ; ainsi, le recueil *Les Fleurs du mal* de Baudelaire relève aussi bien du romantisme, du réalisme que du symbolisme.

- La recherche des **harmonies musicales** (Paul Verlaine) et d'un langage inédit, derrière lequel le « je » s'efface pour **laisser parler le monde** (Arthur Rimbaud), en est aussi une caractéristique.

II L'exploration des formes

1 Reprise de formes anciennes

- Les poètes empruntent à la poésie médiévale et à celle du XVIe siècle **l'ode et la ballade**. Ils sont aussi séduits par la musicalité de la **chanson**. Victor Hugo fait paraître *Odes et ballades* en 1822, Laforgue reprend les rythmes des chansons populaires dans ses *Complaintes*.
- Les poètes n'oublient pas **le sonnet** mais le font évoluer.

2 La libération du vers

- Victor Hugo, chef de file du romantisme, prône la **libération du vers** : il s'agit de casser la monotone cadence de l'alexandrin par l'utilisation du trimètre romantique et des enjambements.
- **L'alexandrin n'est plus la règle** ; bien souvent les poètes lui préfèrent l'octosyllabe, ou même des vers de trois ou quatre syllabes. Paul Verlaine revendique le **vers impair** : « De la musique avant toute chose, / Et pour cela préfère l'Impair ».
- Aloysius Bertrand (*Gaspard de la nuit*, 1842), innove avec le **poème en prose**. Charles Baudelaire (*Le Spleen de Paris*, 1869) et Arthur Rimbaud (*Illuminations*, 1872-1875) s'y essayent également. Gérard de Nerval (*Les Filles du feu*, 1854) mêle **prose poétique** et poèmes en vers.

> **Mot clé**
> Le **trimètre romantique** refuse la césure à l'hémistiche (6//6) :
> *Je suis banni !/ je suis proscrit !/ je suis funeste !* (Hugo)

L'ESSENTIEL

La poésie au XIXe siècle

Influences
- romantisme (Lamartine, Musset, Hugo)
- Parnasse (Gautier, Villiers de L'Isle-Adam)
- symbolisme (Baudelaire, Mallarmé, Verlaine)

Exploration des formes
- reprise de formes anciennes (Hugo, Laforgue)
- libération du vers (Hugo, Rimbaud, Nerval)

La poésie aux XXᵉ et XXIᵉ siècles

3

☐ OK

Aux XXᵉ et XXIᵉ siècles, les poètes explorent les voies ouvertes par la poésie de la fin du XIXᵉ siècle et multiplient expériences et expérimentations.

I | La première moitié du XXᵉ siècle

1 L'esprit nouveau

- Guillaume Apollinaire (*Alcools*, 1912) et Blaise Cendrars (*Du monde entier*, 1912-1924) conservent les grands thèmes de la poésie lyrique, mais introduisent des éléments de la **modernité** : la ville, la « rue industrielle », le quotidien prosaïque.
- Ils recherchent aussi une **écriture nouvelle**, suppriment toute ponctuation, utilisent le vers libre, travaillent les calligrammes. Ils sont fortement **influencés par la peinture** qui connaît elle aussi de grandes évolutions avec les débuts du cubisme. C'est la surprise qui, pour Apollinaire, est le « ressort de la poésie nouvelle ».

2 Le surréalisme

- La poésie est le genre littéraire privilégié du surréalisme. L'amour et l'éloge de la femme sont les thèmes principaux.
- L'acte poétique est conçu comme un **acte révolutionnaire**. Les procédés du **rêve** (association d'idées, images, contradictions, images saugrenues…) sont pris comme modèle de l'écriture.
- La Seconde Guerre mondiale et la Résistance sont propices à la **poésie engagée**. Paul Éluard écrit « Liberté », lancé sous forme de tract par l'aviation britannique. C'est « L'honneur des poètes » (anthologie publiée clandestinement en 1943) que de résister avec leurs armes : les mots. Les poètes Robert Desnos, René Char, s'engagent dans la Résistance.

3 La diversité

La poésie de cette période ne se réduit pas au courant surréaliste, d'autant que de nombreux poètes, comme Louis Aragon (*Les Yeux d'Elsa*, 1942), quittent ce mouvement.

- Valéry et Claudel redonnent un **souffle lyrique** au monde dans de grandes odes ou de longs poèmes. Paul Claudel adopte la forme du verset.
- Jacques Prévert, dans *Paroles* (1945) adopte un **ton plus léger** et une **langue plus populaire** qui se rapproche parfois de la chanson.

II De l'après-guerre à aujourd'hui

1 Expérimentations du langage

- L'OuLiPo retrouve la **joie de la forme et des contraintes**. Raymond Queneau publie *Cent mille milliards de poèmes,* 12 sonnets dont les 14 vers découpés peuvent se combiner entre eux.
- Dans la lignée de Guillaume Apollinaire, les poètes travaillent sur l'**aspect visuel**, suppriment la ponctuation, jouent à confondre prose et poésie et adoptent le **poème en prose**.

> **Mot clé**
>
> L'**OuLiPo** (Ouvroir de Littérature Potentielle), né en 1960, explore les potentialités de la littérature par le jeu des contraintes et la recherche de formes nouvelles.

2 Expérimentations du monde et expérimentations intérieures

- Les descriptions attentives des **objets du quotidien**, de l'anodin, sont en même temps un **retour aux réalités du monde** et une réflexion sur ce que peut en dire la poésie (Francis Ponge, *Le Parti pris des choses*, 1942 ; Yves Bonnefoy, *Les Planches courbes,* 2001).
- Aimé Césaire et Léopold Sédar Senghor, hommes politiques et poètes, créent une **poésie de la « négritude »** qui dit l'identité africaine et les malheurs dus à la colonisation.
- Les poètes se livrent aussi à des **explorations intérieures** : Henri Michaux, poète, voyageur et peintre, mêle écriture et dessin sous l'influence de la mescaline ; Bernard Noël mêle expérience intérieure, expérience du corps et prise de position politique dans une écriture dénuée de tout lyrisme.

L'ESSENTIEL

La poésie de la première moitié du XXe siècle →
- modernité (Apollinaire, Cendrars)
- surréalisme (Éluard)
- diversité : lyrisme (Valéry, Claudel), langue populaire (Prévert)

La poésie, de l'après-guerre à aujourd'hui →
- expérimentations du langage : OuLiPo (Queneau)
- expérimentations du monde : (Ponge, Césaire, Senghor)
- expérimentations intérieures : (Michaux)

La versification

4

☐ OK

S'il faut toujours lier analyse du sens et analyse de la forme, c'est encore plus vrai en poésie.

I Formes fixes et formes libres

1 Les formes fixes

Les poèmes à forme fixe reposent sur une division en **vers** et en **strophes**.

- Le vers est reconnaissable graphiquement (retour à la ligne) et auditivement par le retour de la rime qui délimite un **mètre**, défini par le nombre de syllabes du vers. Les plus courants sont **l'octosyllabe, le décasyllabe et l'alexandrin**.
- Les vers sont regroupés en strophes : les plus fréquentes sont le **distique** (2 vers), le **tercet** (3 vers) et le **quatrain** (4 vers).

> **À noter**
> Le [ə] n'est prononcé ni en fin de vers, ni devant une voyelle. Il est prononcé (et compté) quand il précède une consonne ou un *h* aspiré : [muvəmã].

Les formes fixes les plus utilisées jusqu'au XIXe siècle sont :

- la **ballade**, composée de trois strophes et un envoi (une demi-strophe) ;
- l'**ode**, poème lyrique, chanté à l'origine, et alternant trois strophes correspondant à un mouvement de danse ;
- le **sonnet**, constitué de deux quatrains et deux tercets.

2 Les formes libres

À partir du milieu du XIXe siècle, les poètes s'affranchissent des contraintes formelles. Se développent ainsi :

- le **poème en prose**, qui joue sur les sonorités, les rythmes et les images sans s'astreindre aux contraintes du vers ;
- le **calligramme**, dont la disposition des lettres tente de représenter sur l'espace de la page l'objet même qui en est le thème.

II Les jeux sur les sonorités

Dans les poèmes à forme fixe, les vers sont associés deux à deux par des **rimes**. Celles-ci peuvent être **plates** ou suivies (aabb), **embrassées** (abba), ou **croisées** (abab). La rime est dite **pauvre** si un seul phonème est répété, **suffisante** (2 phonèmes), ou **riche** (3 et plus).

- Pour qualifier la répétition d'un son ailleurs qu'à la rime, on parle d'**allitération** (sons consonantiques) ou d'**assonance** (sons vocaliques).
- Selon le mètre, les sons [j], [je], [jœ], [jɛ]... peuvent se prononcer en une seule syllabe (**synérèse** -ion-, -ier-...) ou en deux syllabes (**diérèse** -i-on-, -i-er- ...).

III Le rythme des vers

- La **césure** (//) est la coupe principale du vers. Dans un alexandrin, la césure 6//6 est dite « à l'hémistiche ».
- Les **coupes** (/) sont des rythmes secondaires.

> Dieux d'argent/qui tenaient//des saphirs/dans leurs mains. (Éluard)

3/3//3/3 : il s'agit d'un tétramètre régulier.

- Il arrive que la syntaxe ne s'assujettisse pas au moule du vers, créant un effet de discordance. On distingue trois cas :

• l'**enjambement** : la phrase court sur deux vers :

> Les vibrantes douleurs dans ton cœur plein d'effroi
> Se planteront bientôt comme dans une cible. (Baudelaire)

• le **rejet** : une partie du groupe syntaxique est rejeté dans le vers suivant :

> Trois mille six cent fois par heure, la Seconde
> Chuchote : souviens-toi !-[...] (Baudelaire)

• le **contre-rejet** : la partie brève est en fin de vers et la suite du groupe syntaxique est dans le vers suivant :

> Les minutes, mortel folâtre, sont des gangues
> Qu'il ne faut pas lâcher sans en extraire l'or ! (Baudelaire)

L'ESSENTIEL

La versification

Formes
- fixes : ballade, ode, sonnet...
- libres : poème en prose, calligramme...

Jeux sur les sonorités
- rimes plates, embrassées, croisées
- allitération, assonance

Rythme des vers
- césure, coupes
- discordance : enjambement, rejet, contre-rejet

Analyser un poème

5

☐ OK

Un poème est une forme souvent brève et parfois déroutante. Comment procéder pour l'appréhender ?

I Identifier les caractéristiques du poème

- Même si l'analyse d'un poème ne peut se réduire à l'étude de sa forme, il est nécessaire de commencer par repérer les caractéristiques formelles.

• Comment s'inscrit le **poème sur le blanc de la page** ? A-t-il une forme ramassée, allongée ? Est-ce en relation avec son sens ? Veut-il mimer le thème dont il parle, comme un calligramme par exemple ?

• Quel est le **système de strophes** ? Peut-on reconnaître une forme fixe ? Si oui, le poète respecte-il les règles ou les retravaille-t-il à sa manière ?

• Quel est le **type de rimes** (plates, embrassées, croisées) ? Y a-t-il une alternance dans le choix des rimes ? Au contraire, le poème est-il tout en rimes suivies, par exemple ?

• Quel est le **mètre employé** (octosyllabes, décasyllabes, alexandrins…) ?

> **Conseil**
>
> Pour analyser un **sonnet**, rappelez-vous que les quatrains ont un contenu plus abstrait que les tercets, dont le rôle est illustratif. Le dernier vers (la chute) peut donner la clé du poème.

- Toutes ces caractéristiques vous permettent-elles de reconnaître l'**influence d'un courant littéraire** auquel le poète appartiendrait ou duquel il se démarquerait ? Faites appel à vos connaissances et aux informations données par le paratexte.

II Cerner le propos du poète

1 L'énonciation et les thématiques

- Le poème est-il à la première personne ? Est-il **adressé à quelqu'un** (la femme aimée, le lecteur, une allégorie…) ?

- On retrouve, à travers l'histoire de la poésie, des **grandes thématiques** comme l'amour (rencontre amoureuse, coup de foudre), le passage du temps, le deuil, la beauté, la poésie elle-même. Mais n'oubliez pas que tout est permis à l'écriture poétique : laissez parler le texte et laissez-vous surprendre.

2 Les tonalités

- La poésie est généralement associée au lyrisme, qu'il soit expression du bonheur ou du malheur (dans ce cas on parle de lyrisme élégiaque). Mais il peut être aussi épique, didactique, satirique, burlesque. ▶ FICHE 57

> **À noter**
> Si le **poème lyrique** célèbre la beauté de la nature, il peut aussi célébrer la beauté de la ville, son mouvement, son bruit, ses couleurs (ex. : « Zone » d'Apollinaire).

- Le poème défend-il une cause, une opinion ? S'inscrit-il dans un débat d'idées ? Incite-t-il à l'action comme les poèmes de la Résistance, par exemple ? On parle alors de poésie engagée.

III Affiner la lecture

1 Musicalité

- Une fois repéré le type de rimes, on doit regarder quels mots elles servent à mettre en écho. Cet écho provoque-t-il la surprise ?
- Il faut être attentif à tous les jeux d'allitérations et d'assonances qui tendent à mimer ce dont le poème parle. ▶ FICHE 4
- Pour l'analyse des poèmes en prose, il faut mettre en évidence les rimes internes, les alexandrins cachés, etc., tout ce qui relève de la musicalité poétique.

> **À noter**
> Le **vers libre** est un vers libéré de la régularité du mètre, des césures et des coupes. Il remplace souvent les rimes par des assonances.

2 Images et jeux sur le sens

- En tant qu'art du langage, la poésie en utilise toutes les possibilités. Il est nécessaire d'analyser les images, métaphores, analogies, comparaisons et d'en exploiter le sens, voire la multiplicité des sens.
- Les images peuvent aussi être suggérées par le jeu des connotations, par la description d'une atmosphère : le lecteur semble percevoir ce que décrit le poème.
- Un poème possède souvent plusieurs sens : soyez particulièrement attentif à la polysémie des mots pour comprendre toutes les dimensions du poème.

| « Nos pieds glissaient d'un pur et large mouvement. » (Verlaine)

[« pied » renvoie à la fois à la partie du corps et à l'ancienne unité de mesure du mètre poétique : ce qui semblait le récit d'une anecdote devient ainsi un poème sur la poésie]

Quiz EXPRESS

6

Avez-vous bien révisé les fiches 1 à 5 ? On vérifie !

La poésie (1)

1 Les caractéristiques de la poésie

▶ FICHE 1

Cochez la bonne réponse.	Vrai	Faux
a. Les contraintes de la versification sont un obstacle à la créativité poétique.	☐	☐
b. La poésie est un art de la suggestion.	☐	☐
c. Le poète est un voyant.	☐	☐
d. L'« art poétique » désigne l'habilité d'un poète à manier la versification.	☐	☐

2 La poésie au XIXe siècle

▶ FICHE 2

Reliez chaque poète au courant auquel il appartient.

a. Théophile Gautier •
b. Victor Hugo •
c. Paul Verlaine •
d. Charles Baudelaire •

• romantisme
• Parnasse
• symbolisme

3 Connaître les règles de la versification

▶ FICHE 4

Dans les vers ci-dessous, que reconnaissez-vous ?

- ☐ a. un rejet
- ☐ b. un trimètre romantique
- ☐ c. des rimes suivies
- ☐ d. une diérèse
- ☐ e. des assonances
- ☐ f. des alexandrins

Le pré est vénéneux mais joli en automne
Les vaches y paissant
Lentement s'empoisonnent
Le colchique couleur de cerne et de lilas
Y fleurit tes yeux sont comme cette fleur-là
Violâtres comme leur cerne et comme cet automne
Et ma vie pour tes yeux lentement s'empoisonne

Guillaume Apollinaire, « Les Colchiques », *Alcools*, 1913.

CORRIGÉS

1 Les caractéristiques de la poésie

Citation

« De la musique avant toute chose, / Et pour cela préfère l'Impair » écrit Verlaine dans « Art poétique » composé de vers de 11 syllabes.

a. **Faux**. Baudelaire pense au contraire que « parce que la forme est contraignante, l'idée jaillit plus intense ».

b. **Vrai**. La poésie montre et suggère au lieu d'expliquer.

c. **Vrai**. Arthur Rimbaud écrit que « Le Poète se fait voyant par un long, immense et raisonné dérèglement de tous les sens ».

d. **Faux.** L'art poétique est un poème dans lequel le poète expose sa conception de la poésie et la met en pratique.

2 La poésie au XIXe siècle

a. Théophile Gautier – Parnasse

b. Victor Hugo – romantisme

c. Paul Verlaine – symbolisme

d. Charles Baudelaire – symbolisme

3 Connaître les règles de la versification

- **Réponse a.** « Y fleurit » est mis en rejet dans le vers 5.
- **Réponse c.** La disposition des rimes semble irrégulière mais on trouve des rimes suivies dans les quatre derniers vers (lilas / fleurs-là ; automne / empoisonnent).
- **Réponse e.** La répétition de mêmes termes amplifie l'effet d'assonances, par exemple les assonances en /en/ (lentement s'empoisonnent).
- **Réponse f.** Le poème est en effet en alexandrins, puisque les vers 2 et 3 forment un alexandrin, ce qui est confirmé par la rime automne / s'empoisonnent.

*FLASH*CARDS

7

Mémorisez les idées clés des fiches 1 à 5.

La poésie (1)

1

Citez au moins deux caractéristiques de l'écriture poétique.

▶ FICHE 1

2

Citez trois poètes romantiques.

▶ FICHE 2

3

Citez au moins deux caractéristiques de la poésie surréaliste.

▶ FICHE 3

4

Qu'est-ce qu'un sonnet ?

▶ FICHE 4

5

Qu'est-ce qu'une césure ?

▶ FICHE 4

6

Quels sont les trois schémas de rimes ?

▶ FICHE 4

7

Quelle est la différence entre une allitération et une assonance ?

▶ FICHE 4

8

Qu'est-ce qu'un enjambement ?

▶ FICHE 4

RÉPONSES

Efforcez-vous de répondre aux questions par vous-même avant de consulter les réponses, puis révisez régulièrement pour bien mémoriser.

1

Les caractéristiques de **l'écriture poétique** :
1. elle possède une dimension musicale
2. elle fait un usage particulier de la langue
3. elle utilise souvent des images

2

Quelques poètes romantiques :
- Hugo
- Lamartine
- Musset
- Nerval

3

Les caractéristiques de la **poésie surréaliste** :
1. elle prend le rêve comme modèle
2. elle s'affranchit des règles de versification
3. elle est engagée

4

Un **sonnet** est un poème de quatorze vers répartis en quatre strophes : deux quatrains et deux tercets.

5

La **césure** est une coupe rythmique dans le vers. Dans un alexandrin régulier, on parle de césure à l'hémistiche.

6

Les **trois schémas de rimes** sont :
1. les rimes suivies : structure A-A-B-B
2. les cimes croisées : structure A-B-A-B
3. les rimes embrassées : structure A-B-B-A

7

- Une **allitération** est la répétition d'une ou plusieurs consonnes.
- Une **assonance** est la répétition d'une ou plusieurs voyelles ou phonèmes.

8

On parle d'**enjambement** lorsque la phrase court sur deux vers : la syntaxe enjambe le vers.

Hugo, *Les Contemplations*, livres I à IV

Parcours : « Les Mémoires d'une âme »

8

☐ OK

L'autobiographie se définit comme un récit rétrospectif en prose qu'une personne réelle fait de sa propre existence. Pourtant, c'est dans un recueil de poèmes que Hugo rappelle les souvenirs et les impressions de sa destinée.

I Connaître l'œuvre

1 L'auteur et le contexte

- Victor Hugo (1802-1885) a traversé les nombreux **bouleversements** de l'histoire de son siècle. Comme les **romantiques**, il est marqué par la chute de Napoléon, il s'engage dans l'action politique et finit par s'opposer à Napoléon III, ce qui le conduit à l'exil.
- Il est l'auteur d'œuvres variées – romans (*Les Misérables*), pièces de théâtre (*Ruy Blas*) et recueils poétiques (*Les Contemplations*) – qui apportent un souffle nouveau à la littérature de son époque.

2 Composition et tonalité du recueil

- *Les Contemplations* (1856) sont composées de **deux volumes** : ***Autrefois* et *Aujourd'hui***. Hugo écrit qu'« un abîme les sépare, le tombeau ». En effet, si *Autrefois* couvre les années 1830-1843, *Aujourd'hui* s'ouvre le 4 septembre 1843, date de la **mort de sa fille Léopoldine**.
- Les deux volumes sont composés chacun de trois parties dont les titres suivent l'**itinéraire intellectuel** du poète : I. Aurore, II. L'âme en fleur, III. Les luttes et les rêves, IV. *Pauca meae* (« quelques mots pour ma fille »), V. En marche, VI. Au bord de l'infini.
- La plupart des poèmes sont écrits entre 1841 et 1856, ce qui donne aux quatre premiers livres une **tonalité nostalgique** marquée par les souvenirs des jours heureux, et assombrie par le deuil.

II Comprendre le parcours

1 Une temporalité subjective et éclatée

- Si Hugo revendique le **caractère autobiographique** des *Contemplations*, le sous-titre « Mémoires d'une âme » suggère qu'il s'agit non pas de la narration des événements d'une vie mais d'une âme qui se souvient de ses **états intérieurs**.

Bien que datés, les poèmes ne se présentent pas toujours dans l'ordre chronologique. En outre, les dates sont souvent fictives. Le recueil suit donc plutôt l'ordre des sentiments que l'ordre du temps de l'écriture ou des événements.

Ce trouble dans la linéarité temporelle est accentué par le choix de la poésie qui conduit au discontinu : chaque pièce vaut pour elle-même et a sa propre thématique. Le recueil devient un kaléidoscope des reflets des états d'âme du poète.

2 Un miroir tendu au lecteur : « Ah, insensé, qui crois que je suis pas toi. »

Si Rousseau, dans ses *Confessions*, justifie son projet autobiographique en clamant sa différence, le projet de Hugo est tout autre : *Homo sum*, écrit-il, « je suis un homme » comme les autres. Tout homme pourra ainsi contempler sa propre destinée dans celle de Hugo.

Citation

« Je veux montrer à mes semblables un homme dans toute la vérité de la nature ; et cet homme, ce sera moi. Moi seul. [...] Je ne suis fait comme aucun de ceux que j'ai vus ; j'ose croire n'être fait comme aucun de ceux qui existent. »
(Rousseau, *Les Confessions*)

Au seuil des *Fleurs du mal*, Charles Baudelaire apostrophe son lecteur « Hypocrite lecteur, – mon semblable –, mon frère ! ». « Je est un autre » écrira Rimbaud un peu plus tard. Pour Hugo, le « je » lyrique est semblable et différent car le « poète écoute en lui-même une lyre » (*Contemplations* I, 2) : le poète est seul capable de parler le langage de l'âme.

L'ESSENTIEL

Les Contemplations, I à IV, Hugo (1856)

- **Mouvement :** romantisme
- **Structure :** deux volumes « Autrefois » et « Aujourd'hui », composés chacun de trois livres
- **Thèmes :** la jeunesse, l'amour, la misère du monde, le deuil, la nature, le poète et la poésie, la vie simple

Baudelaire, *Les Fleurs du mal*

Parcours : Alchimie poétique : la boue et l'or

9

☐ OK

Baudelaire se réclame de l'alchimiste dont le rêve est de transmuter le fer en or. Comment la poésie lui permet-elle de réussir là où la chimie échoue ?

I Connaître l'œuvre

1 L'auteur et le contexte

- Charles Baudelaire (1821-1867), orphelin de père, refuse de suivre la carrière diplomatique qui lui est proposée, et n'a qu'un désir : être écrivain. Il fait figure de poète maudit par la vie qu'il mène et par son recueil poétique, *Les Fleurs du mal,* qui lui valent un procès à leur parution en 1857.
- Il est aussi l'auteur de poèmes en prose : *Le Spleen de Paris* (1869). Ses *Curiosités esthétiques* (1860) font de lui un critique d'art et le premier théoricien de la Modernité. Traducteur de Poe, il trouve en lui un « destin jumeau ».
- Baudelaire est au croisement de plusieurs mouvements littéraires : s'il dédicace son poème « Le Cygne » au poète romantique Hugo, c'est au Parnassien Théophile Gautier, qu'il dédie son recueil. Certains de ses poèmes relèvent d'une veine réaliste, tandis que « Correspondances » le pose comme précurseur du symbolisme.

2 Composition du recueil

- *Les Fleurs du mal* rassemble 136 poèmes, répartis dans six sections : « Spleen et idéal » (85 poèmes), « Tableaux parisiens » (18), « Le Vin » (5), « Fleurs du mal » (9), « Révolte » (3), « La Mort » (6).
- La composition du recueil a été longuement mûrie. Entre l'édition de 1857 et celle de 1861, l'ordre des sections change, mais « Spleen et Idéal » reste en ouverture et « La Mort » en clôture. On peut y voir l'histoire d'un itinéraire.
- Une autre manière d'étudier la composition du recueil est d'observer l'alternance du Spleen et de l'Idéal, ou d'y retrouver des cycles correspondant aux femmes qui ont marqué sa vie (Jeanne Duval, Mme Sabatier, Marie Daubrun).

> **À noter**
> Les poèmes du **Spleen** expriment le désespoir et la sensation d'écrasement, tandis que ceux de l'Idéal expriment le bonheur et la sensation d'élévation.

II Comprendre le parcours

1 La poésie comme alchimie

- L'alchimie est au principe de tout langage qui **transforme la matière en mots et en sons**. Ce pouvoir est démultiplié par la poésie. C'est ainsi que Baudelaire peut écrire dans *L'Art romantique* :

> Manier savamment une langue, c'est pratiquer une espèce de sorcellerie évocatoire. Baudelaire, *L'Art romantique*.

- Penser la poésie comme alchimie ne se réduit pas à dire qu'elle permet de rendre le réel plus poétique ; elle le transfigure dans un jeu d'**images** qui induisent des **correspondances** et jouent avec les **symboles**.
- C'est en ce sens que Rimbaud, dans son poème en prose, « Alchimie du verbe », affirme que le poète doit « **inventer un verbe poétique accessible**, un jour ou l'autre, **à tous les sens** », au risque de l'hallucination et de la folie.

2 La boue et l'or, l'alliance des contraires

> Ô vous, soyez témoins que j'ai fait mon devoir
> Comme un parfait chimiste et comme une âme sainte.
> Car j'ai de chaque chose extrait la quintessence,
> Tu m'as donné ta boue et j'en ai fait de l'or.
> Baudelaire, « Ébauche d'un épilogue pour la 2e édition des *Fleurs du mal* ».

- Baudelaire dépasse le romantisme de Musset qui prétend « faire d'une larme une perle ». Il ne s'agit pas seulement de bien manier la rime, « ce bijou d'un sou / Qui sonne creux et faux sous la lime » (Verlaine, « Art poétique »).
- La poésie de Baudelaire est **violente** : pour transformer la boue en or, il faut la dire dans toute son horreur, et chanter la beauté du laid. Comme le titre du recueil l'annonce, un des secrets de l'alchimie poétique est l'**alliance des contraires**.

L'ESSENTIEL

Les Fleurs du Mal, Baudelaire (1857)

- **Mouvement :** romantisme, symbolisme
- **Structure :** six sections
- **Thèmes :** le Spleen, l'Idéal, la beauté, la mort, le temps, les villes, les femmes, le vin, le voyage, la révolte, la débauche

Apollinaire, *Alcools*

Parcours : Modernité poétique ?

10

☐ OK

Au début du XXe siècle, la poésie, comme la peinture, connaissent de profonds bouleversements. Guillaume Apollinaire s'enthousiasme pour les peintres cubistes et cherche dans sa poésie à effectuer la même révolution.

I Connaître l'œuvre

1 L'auteur et le contexte

- Guillaume Apollinaire se trouve au cœur de la vie intellectuelle et artistique du début du XXe siècle. Il est surtout connu pour son recueil, *Alcools* (1913), pour ses *Calligrammes* (1918) et pour ses *Poèmes à Lou* écrits depuis le front pendant la Première Guerre mondiale.
- Proche des peintres cubistes, il a également publié *Méditations esthétiques* (1913), manifeste pour la peinture cubiste.
- Il crée le néologisme « surréalisme » pour signifier que créer n'est pas imiter la nature. Il est, un moment, proche du « futurisme », mouvement pictural italien qui prône la vitesse. Enfin, dans *L'Esprit nouveau et les Poètes* (1917), il explicite sa conception d'une poésie nouvelle, dont le ressort est la surprise.

> J'ai pensé qu'il fallait revenir à la nature même, mais sans l'imiter à la manière des photographes. Quand l'homme a voulu imiter la marche, il a créé la roue qui ne ressemble pas à une jambe. Il a fait ainsi du surréalisme sans le savoir.
>
> Apollinaire, *Mamelles de Tirésias*, préface.

2 Composition et thèmes du recueil

- *Alcools* rassemble une cinquantaine de poèmes, écrits entre 1898 et 1913. L'ordre n'est ni chronologique, ni thématique. Le poète privilégie un système d'échos (le premier et le dernier poème se répondent) et d'alternance entre pièces longues et pièces courtes (le monostiche « Chantre », suit « Palais », composé de onze quatrains).
- Le poème d'ouverture, « Zone », écrit en 1913, a fonction de manifeste par le choix du vers libre, la forme longue, narrative, la coexistence du présent et du passé.
- Apollinaire affirme que chaque poème renvoie à des éléments de sa vie, à des événements tristes ou gais, alternant mélancolie et fantaisie.

II La modernité poétique

1 Entre tradition et modernité

- Le passage entre le XIXe et le XXe siècle est une période d'**innovations technologiques** : électricité, automobile, tour Eiffel, métro, etc. Les éléments du monde moderne deviennent des **objets poétiques**.
- Pour dire ces réalités nouvelles, Apollinaire, comme Cendrars, travaillent sur la forme : **absence de ponctuation**, **vers libres**, **poésie visuelle** qui tient compte de l'espace de la page et qui trouvera son aboutissement dans les *Calligrammes.*
- Mais la modernité ne signifie pas le rejet du passé et des formes anciennes. Au contraire, le vers libre **côtoie** des formes plus classiques. De même, les thématiques **mêlent** références antiques ou bibliques aux tramways et aux rails.

> **Citation**
> « Mais nos pieds ne se détachent qu'en vain du sol qui contient les morts. » (Apollinaire, *Les Méditations esthétiques.)*

2 Un nouveau lyrisme

- Apollinaire se dit « en quête d'un **lyrisme neuf** et humaniste en même temps » (Lettre à Toussaint-Luca, 1908). Dans *L'Esprit nouveau et les Poètes*, il affirme que « les poètes modernes sont [...] des créateurs, des inventeurs et des prophètes. »
- Ce nouveau lyrisme est souvent celui d'un « je » **composite**, à la manière des portraits cubistes qui donnent à voir plusieurs facettes d'un personnage en même temps. Il est aussi **polyphonique**, comme dans « Cortège » dans lequel le poète à la recherche de lui-même « connaî[t] les autres » et nous fait entendre leurs voix.

L'ESSENTIEL

Alcools, Apollinaire (1913)

- **Mouvement :** « l'esprit nouveau »
- **Structure :** système d'échos thématiques, alternance de poèmes longs et de poèmes courts
- **Thèmes :** la fuite du temps, l'amour (malheureux), l'automne, la ville industrielle, la modernité, la religion, les exilés, la mythologie et les légendes

Quiz EXPRESS 11

Avez-vous bien révisé les fiches 8 à 10 ? On vérifie !

La poésie (2)

1 *Les Contemplations* de Victor Hugo

FICHE 8

Cochez les affirmations correctes.

- ☐ **a.** *Les Contemplations* est un ensemble de poèmes lyriques sur la nature.
- ☐ **b.** Ce recueil a une dimension autobiographique.
- ☐ **c.** Hugo y évoque le souvenir de sa fille Léopoldine.
- ☐ **d.** Hugo y donne sa conception de la poésie.

2 *Les Fleurs du mal* de Charles Baudelaire

FICHE 9

1. Cochez le(s) affirmation(s) vraie(s).

- ☐ **a.** *Les Fleurs du mal* a connu un grand succès dès sa parution.
- ☐ **b.** Tous les poèmes des *Fleurs du mal* sont des sonnets.
- ☐ **c.** Pour l'époque, ces poèmes sont très nouveaux par leur forme.

2. « Tu m'as donné de la boue et j'en ai fait de l'or » signifie :

- ☐ **a.** que le poète doit cacher la laideur et ne dire que le beau.
- ☐ **b.** que la poésie peut dire l'horrible et en extraire la beauté.
- ☐ **c.** que la poésie peut tout rendre beau.

3 *Alcools* de Guillaume Apollinaire

FICHE 10

Reliez le titre du poème au thème qu'il traite.

a. « Zone »	•	•	l'automne
b. « Le pont Mirabeau »	•	•	la modernité
c. « Nuit rhénane »	•	•	la fuite du temps
d. « Les colchiques »	•	•	l'amour et la mort
e. « La Loreley »	•	•	l'ivresse

CORRIGÉS

1 *Les Contemplations* de Victor Hugo

Réponses b, c et d.

Comme l'indique le sous-titre, « Mémoires d'une âme », *Les Contemplations* est un recueil très personnel, dans lequel Victor Hugo consacre de nombreux poèmes à sa famille et particulièrement à sa fille, Léopoldine. Il y exprime ses sentiments mais il y défend aussi sa conception de la poésie et de la fonction du poète.

2 *Les Fleurs du mal* de Charles Baudelaire

1. Réponse c : Vraie.

Réponse a : Faux.

Dès sa parution, le recueil a donné lieu à un procès pour outrage aux bonnes mœurs.

Réponse b : Faux.

Si le recueil comporte un grand nombre de sonnets, ce n'est pas la seule forme travaillée par Baudelaire.

> **À noter**
>
> On retrouve l'attirance pour le macabre et pour la provocation dans *Les Chants de Maldoror* de Lautréamont (1869).

2. Réponse b.

Il ne s'agit pas de cacher la laideur sous une jolie apparence, mais bien de montrer la beauté du mal, comme Baudelaire le précise dans un projet de préface : « Il m'a paru plaisant, et d'autant plus agréable que la tâche était plus difficile, d'extraire la Beauté du mal. »

3 *Alcools* de Guillaume Apollinaire

a. « Zone » → la modernité

b. « Le pont Mirabeau » → la fuite du temps

c. « Nuit rhénane » → l'ivresse

d. « Les colchiques » → l'automne

e. « La Loreley » → l'amour et la mort

La poésie (2)

1

En quoi la vie de Victor Hugo a-t-elle été marquée par son engagement politique ?

FICHE 8

2

Que signifie le sous-titre « Mémoires d'une âme » ?

FICHE 8

3

Comment Victor Hugo s'adresse-t-il à son lecteur ?

FICHE 8

4

Quelle figure de style est présente dans le titre *Les Fleurs du mal* ?

FICHE 9

5

Que signifie l'expression « Alchimie poétique : la boue et l'or » ?

FICHE 9

6

Comment est organisé le recueil *Alcools* ?

FICHE 10

7

Qu'est-ce que la modernité poétique pour Apollinaire ?

FICHE 10

8

Quelle relation Apollinaire entretient-il avec les peintres de son époque ?

FICHE 10

RÉPONSES

Efforcez-vous de répondre aux questions par vous-même avant de consulter les réponses, puis révisez régulièrement pour bien mémoriser.

1

Victor Hugo a été marqué par la chute de Napoléon, et s'est **engagé** dans l'action politique. Son opposition à Napoléon III a provoqué son exil.

2

Le sous-titre « **Mémoires d'une âme** » signifie que les *Contemplations* ne sont pas la narration d'une vie, mais d'une âme qui se souvient de ses états antérieurs.

3

Victor Hugo se présente comme le **double poétique** de son lecteur. Il l'invite à se reconnaître en lui.

4

La figure présente dans le titre *Les Fleurs du mal* est un **oxymore** : il allie deux éléments de sens contradictoire, « fleurs » et « mal ».

5

L'expression « **Alchimie poétique** » signifie que le poète transforme la **boue en or**, c'est-à-dire qu'il chante la beauté du laid pour en faire du beau, il allie les contraires.

6

Alcools alterne les poèmes longs et les poèmes courts ; les poèmes se répondent dans un système d'écho.

7

Pour Apollinaire, la **modernité poétique** est l'alliance des formes libres et des formes classiques, l'alliance des thèmes antiques, bibliques, et modernes.

8

Apollinaire prend position pour les **peintres cubistes** et sa poésie est influencée par leurs procédés.

Qu'est-ce que la littérature d'idées ?

13

☐ OK

La littérature d'idées se définit comme l'ensemble des textes qui ne relèvent ni de la poésie, ni de la fiction narrative ou dramatique. Plus largement, la littérature d'idées désigne tout écrit dans lequel les ressources de la littérature sont au service de l'argumentation.

I L'argumentation directe

L'auteur défend en son nom un point de vue.

1 Les textes à visée philosophique

- L'essai : il se présente comme un texte hybride, sans ordre apparent, embrassant avec subjectivité divers sujets. Ex. : *Essais* de Montaigne.
- Le traité : réflexion sur un sujet circonscrit, il vise l'exhaustivité.
- Le discours : mise en forme écrite de la pensée, il traite une question de manière ordonnée, suivant les règles de l'art oratoire. Ex. : *Discours sur l'origine et les fondements de l'inégalité parmi les hommes* de Rousseau.
- Le dialogue : hérité de Platon, il permet la confrontation des points de vue sous la forme d'une conversation. Ex. : *Le Neveu de Rameau* de Diderot.

À noter

L'**art oratoire**, né dans l'Antiquité, impose de distinguer l'invention (recherche des arguments), la disposition (agencement de ces arguments), l'élocution (mise en forme stylistique).

- La maxime : énoncé bref, elle exprime une pensée de manière incisive. Ex. : *Maximes et réflexions diverses* de La Rochefoucauld.

2 Les textes à dimension polémique

- Le pamphlet : sous-genre qui relève du discours épidictique, il verse couramment dans le blâme ou la satire.
- Le portrait : lié à l'esthétique de la conversation, il fait l'éloge ou le blâme d'une personne à travers une prose travaillée. Il se déploie aussi dans les oraisons funèbres et les mémoires.
- La lettre ouverte : écrit public, elle se prête à l'expression d'un débat et appelle parfois une réponse. Ex. : « J'accuse » de Zola.

3 Les textes à ambition esthétique

- Le **manifeste littéraire** : il constitue une déclaration par laquelle une personne ou un groupe présente ses conceptions esthétiques.
- La **correspondance d'écrivains** : destinée ou non à être publiée, elle offre un témoignage vivant sur la conception de la littérature des épistoliers.

II L'argumentation indirecte

1 L'apologue

À noter

Du grec *apologos*, « récit détaillé », le mot **apologue** désigne un court récit allégorique qui renferme un enseignement.

- La **fable** : ce court récit de fiction illustre une morale par l'intermédiaire d'animaux ou d'humains.
- Le **conte** : merveilleux ou philosophique, il raconte une histoire qui illustre un précepte de sagesse.
- L'**utopie** : elle décrit une société idéale dont l'organisation est une critique indirecte de la société contemporaine de l'auteur.

2 Dans les genres narratif, dramatique et lyrique

- Le **roman** : « à thèse » ou non, on peut considérer que derrière la fiction qu'il élabore, il est porteur d'idées sur le monde réel. Les paroles rapportées des personnages, leur portrait ou les commentaires du narrateur peuvent avoir une dimension argumentative.
- Le **théâtre** : le dialogue constitue un lieu possible d'affrontement de points de vue ; le monologue, lorsqu'il se fait délibératif, peut offrir l'occasion d'une mise en balance d'arguments.
- La **poésie** : engagée ou lyrique, elle voit le sujet de l'énonciation prendre position, répondre aux attaques, dénoncer les torts.

L'ESSENTIEL

L'argumentation directe →
- visée philosophique : essai, traité, discours dialogue, maxime
- dimension polémique : pamphlet, portrait, lettre ouverte
- ambition esthétique : manifeste littéraire correspondance d'écrivain

L'argumentation indirecte →
- apologue : fable, conte, utopie
- genres narratif, dramatique, lyrique

La littérature d'idées aux XVIe et XVIIe siècles

14

☐ OK

À la fin du Moyen Âge, l'humanisme voit s'épanouir une littérature d'idées en prise avec son époque. Au XVIIe siècle, l'instauration de l'absolutisme, sous le règne de Louis XIV, accompagne la fondation de nouvelles normes morales et littéraires incarnées par le classicisme.

I L'humanisme : l'homme au cœur de la littérature d'idées

1 Montaigne : l'invention de l'essai

- Les *Essais* de Montaigne paraissent entre 1580 et 1595. Cette œuvre mêlant autobiographie et réflexions diverses, et composée de trois livres grossis par des ajouts successifs, fait entendre une voix singulière : celle d'un moi qui se prend comme matière de ses écrits, celle d'une conscience qui s'étudie elle-même, celle d'un humaniste qui voit en chaque individu un représentant de « l'humaine condition ».
- L'essayiste met à l'épreuve ses jugements loin de toute certitude. En effet, l'optimisme confiant des débuts de l'humanisme, mis à mal par la conquête coloniale et les conflits religieux, a laissé place au scepticisme.

2 Rabelais : la pensée humaniste en acte

- *Gargantua* et *Pantagruel* de Rabelais mettent en scène la vie de deux géants. L'accent est mis sur leur formation, occasion pour le romancier de livrer un exposé aussi comique que polémique sur les principes et valeurs de l'humanisme.
- Derrière le rire né du grotesque des personnages et des situations, le lecteur est initié à une forme de sagesse.

Mot clé

L'**humanisme** est un mouvement culturel qui s'épanouit au XVIe siècle et fait de l'homme le centre de ses réflexions.

3 La naissance d'une littérature engagée

- Les guerres de Religion qui ravagent le pays voient naître des textes dans lesquels les écrivains s'engagent et prennent parti pour leur camp.
- Ronsard, poète de la Pléiade, se fait le champion du parti catholique dans ses *Discours*. Du côté protestant, Agrippa d'Aubigné livre avec *Les Tragiques* une peinture pathétique et violente du royaume divisé.

II Le classicisme : le triomphe des moralistes

1 Les genres mondains

- Les **mémoires** sont écrits par ceux qui ont participé aux affaires du monde. La Rochefoucauld, le cardinal de Retz, Saint-Simon témoignent ainsi de leur expérience du pouvoir.
- Le genre du **portrait** se voit doté d'une grandeur particulière par La Bruyère et ses *Caractères* : il décrit des types et non des individus, et fait du portrait une peinture des mœurs.
- Nouvelle forme esthétique, le fragment accède à une véritable dignité littéraire. Les *Pensées* de Pascal ou les *Maximes* de La Rochefoucauld constituent des séries d'énoncés indépendants et lapidaires.
- Les **correspondances** accomplissent l'ambition classique d'une élégance sans artifice, d'une beauté non fabriquée. Au premier rang, les *Lettres* de Madame de Sévigné ont rapidement constitué un modèle du genre.

À noter

À côté des formes courtes persistent celles plus développées et continues, héritières de la rhétorique antique, dont le *Discours de la Méthode* de Descartes est l'illustration.

2 Instruire et plaire

- Le **théâtre comique** s'emploie lui aussi indirectement à **critiquer les mœurs**, comme chez Molière qui épingle les vices et défauts humains de son siècle. Le paratexte des pièces devient une tribune pour le dramaturge.
- La Fontaine préfère la **fable** et le **détour par la fiction allégorique** : derrière son monde d'animaux et de végétaux, c'est la société humaine et ses égoïsmes qui se voient mis en cause.

L'ESSENTIEL

L'humanisme →
- essai (Montaigne)
- roman (Rabelais)
- poésie engagée (Ronsard, Agrippa d'Aubigné)

Le classicisme →
- mémoires (Saint-Simon)
- portrait (La Bruyère)
- correspondances (Madame de Sévigné)
- théâtre comique (Molière)
- fable (La Fontaine)

La littérature d'idées au XVIIIe siècle

15

☐ OK

Les écrivains philosophes du XVIIIe siècle œuvrent pour lutter contre l'obscurantisme et faire de la raison la lumière qui guide le peuple.

I Un contexte culturel propice

- Supports essentiels de la diffusion du savoir, les **livres** voient leur nombre multiplié par trois entre 1700 et 1779. La majorité des ouvrages restent cependant des textes de littérature populaire et religieuse.
- La **diffusion des idées des Lumières** est assurée autant par des écrits que par des lieux où les écrivains se rencontrent : des **salons** regroupent auteurs, savants et artistes autour de valeurs communes ; les **cafés** sont le théâtre de vives discussions politiques ou philosophiques ; les **académies** se multiplient en province.

II Les idées des Lumières

1 La question religieuse

- Au plan religieux, les philosophes des Lumières s'interrogent sur le **rapport de l'homme à Dieu** et à l'Église.
- Certains font le choix du **déisme**, comme Montesquieu et Voltaire, et affirment la croyance en un dieu créateur du monde tout en refusant de se soumettre à une institution en matière de culte.
- D'autres professent un véritable **athéisme** : ainsi, Diderot pense que la matière se transforme et s'organise sans intervention divine.

2 L'organisation politique

- Les penseurs du XVIIIe siècle sont unanimes dans leur **condamnation de l'absolutisme** : leurs écrits préfigurent la Révolution française.
- Certains, Montesquieu en tête, se prononcent en faveur de la **monarchie tempérée** où le pouvoir du roi se trouve limité par celui de la noblesse et des parlements.
- D'autres (Voltaire, Diderot), soutiennent le principe du **despotisme éclairé**.
- Plus minoritaire, un courant défend l'**idée de démocratie** (Rousseau).

Œuvre clé

Œuvre majeure des Lumières, l'***Encyclopédie*** travaille à la destruction des préjugés pour éclairer l'opinion.

III L'apparition de genres argumentatifs nouveaux

Le siècle des Lumières reprend des formes anciennes, comme en témoignent les titres de certaines œuvres : *Discours sur l'origine et les fondements de l'inégalité parmi les hommes* (Rousseau, 1755) ou *Lettres philosophiques* (Voltaire, 1734). Il en réinvente aussi certains.

1 Le conte philosophique

- Sous l'impulsion de Voltaire, le **conte philosophique** devient une arme essentielle des Lumières. Merveilleux et imagé, il met à portée du plus grand nombre des théories scientifiques et philosophiques jusque-là réservées aux lettrés.
- Sa **forme allégorique** et ses formules souvent ironiques atténuent les atteintes portées aux institutions et au pouvoir, **déjouant** ainsi **la censure**.

2 Les écrits à dimension biographique

- Rousseau donne avec *Les Confessions* le **premier exemple d'autobiographie**. À travers le récit de sa vie, il entreprend aussi de se justifier aux yeux de ses détracteurs.
- En dynamisant les règles du genre, Diderot propose des dialogues qui donnent à voir les **multiples facettes du moi** (*Le Neveu de Rameau*, 1891).

L'ESSENTIEL

La littérature d'idées au XVIIIe siècle

Contexte
diffusion des savoirs (livres) et des idées des Lumières (écrits, salons, etc.)

Idées des Lumières
- question religieuse : rapport de l'Homme à Dieu (déisme, athéisme)
- question politique : condamnation de l'absolutisme

Nouveaux genres argumentifs
- conte philosophique (Voltaire)
- écrits à dimension biographique (Rousseau, Diderot)

Les stratégies argumentatives

16

☐ OK

La littérature d'idées rassemble des textes dans lesquels un auteur expose et défend son point de vue. Dans tous les cas, une stratégie argumentative est mise en place par l'auteur qui vise à emporter l'adhésion du lecteur par la raison ou les sentiments.

I Les éléments de l'écriture argumentative

Directe ou indirecte, l'argumentation met en jeu les éléments suivants :

- Le **thème** est le sujet du débat, de l'argumentation.
- La **thèse** est la proposition ou position que défend le locuteur.
- L'**argument** est une proposition reconnue ou donnée comme vraie, qui sert à prouver la thèse soutenue ou à réfuter la thèse rejetée (**contre-argument**).
- L'**exemple** vient à l'appui de l'argumentation logique et abstraite comme illustration concrète ; il permet ainsi d'adosser les arguments sur des faits. L'exemple est qualifié d'argumentatif lorsqu'il présente un cas si représentatif qu'il suffit à établir une proposition générale.

À noter

Dans la fable, le récit a valeur d'**exemple argumentatif** car il permet d'aboutir à la moralité.

II Les voies de l'argumentation

1 Le choix de la raison

- **Convaincre** consiste à amener le destinataire à reconnaître **rationnellement** que l'opinion défendue est vraie.
- Les textes qui cherchent à emporter la conviction se reconnaissent à la présence d'**arguments** et d'**exemples**, organisés de manière logique.
  - Le **raisonnement inductif** se fonde sur des faits particuliers pour s'élever à la loi générale.
  - Le **raisonnement déductif**, à l'inverse, prouve un fait particulier à partir d'un énoncé général.

Mot clé

Cas particulier de la déduction, le **syllogisme** propose une conclusion en apparence irréfutable à partir d'affirmations données comme vraies.

- Le **raisonnement concessif** permet de rendre raison en partie à l'adversaire avant de réfuter l'essentiel de son argumentation.
- Le **raisonnement par l'absurde** feint d'adopter la thèse adverse pour en tirer par déduction des conséquences illogiques.

L'**argument d'autorité**, par lequel un auteur cite les propos d'une personnalité à la légitimité incontestée, peut achever de convaincre l'interlocuteur.

2 Le biais des sentiments

Persuader consiste à amener le destinataire à admettre la thèse en faisant appel à ses émotions et non seulement à la raison.

L'auteur manifeste sa **subjectivité** grâce à divers procédés : écriture à la première personne, verbes d'opinion, recours à la modalisation et aux connotations. Il cherche à **impliquer l'interlocuteur**, à travers des apostrophes, des questions rhétoriques, des figures de style visant à susciter une émotion.

La persuasion passe également par **l'implicite** qui prend la forme du **sous-entendu** (dont l'interprétation dépend entièrement de la situation d'énonciation), du **présupposé** (qui suppose une déduction à la charge du destinataire) et de l'**ironie** (qui suppose que le lecteur inverse la valeur de l'énoncé pour en comprendre le sens réel).

Les **arguments de mauvaise foi** trouvent parfois leur place dans une stratégie persuasive : le **prétexte** invente de fausses raisons ; la **tautologie** redouble l'affirmation d'une évidence et l'**argument *ad hominem*** discrédite la personne de l'adversaire plus que ses arguments.

L'ESSENTIEL

Les éléments de l'écriture argumentative	thème thèse argument exemple
Les voies de l'argumentation	convaincre par la raison (arguments, exemples) persuader par les sentiments (implication de l'interlocuteur)

Analyser un texte d'idées

17

☐ OK

L'analyse d'un texte d'idées suppose qu'on ait préalablement identifié le type d'argumentation, directe ou indirecte, dont il relève. Dans tous les cas, il convient de porter une attention particulière aux marqueurs logiques, énonciatifs et stylistiques.

I Identifier le schéma argumentatif

1 Repérer les articulations logiques

- Relevez les connecteurs qui marquent les articulations de la pensée ; identifiez la valeur éventuelle de la ponctuation (les deux-points révèlent par exemple un rapport de cause à conséquence).
- Prêtez attention aux adverbes qui marquent la progression du discours (*d'abord, ainsi, finalement*...).
- Dans le cas de l'argumentation indirecte, cherchez à dégager la part narrative de la part discursive, qui transparaît dans les commentaires et l'énoncé éventuel d'une leçon par l'auteur.

2 Dégager la thèse défendue

- Si la thèse est explicite, il faut situer précisément dans le texte le passage où elle apparaît et la reformuler de manière à montrer qu'on l'a bien comprise.
- Si la thèse est implicite, il s'agit de la formuler avec ses propres mots à partir des arguments donnés dans le corps du texte.

3 Identifier la stratégie argumentative

- Le repérage des types d'arguments mobilisés permet de préciser l'angle d'attaque privilégié par le locuteur :

- La démarche d'ensemble peut choisir de privilégier l'adhésion du destinataire par la raison ou les sentiments ou l'inviter à mettre en balance plusieurs points de vue.
- Formes subjectives, l'éloge et le blâme doivent conduire à construire une image du locuteur et des valeurs auxquelles il adhère autant que de la personne visée.

II Étudier la situation d'énonciation

1 Du côté du locuteur

- Il faut observer comment se manifeste celui qui soutient sa thèse. Cela revient à étudier les marques de présence de la première personne, à travers les pronoms et les déterminants possessifs.
- Il convient également de chercher la présence de la modalité exclamative, des marques de jugement, des termes modalisateurs.

2 Du côté du destinataire

- On peut déterminer l'identité et le rôle de l'interlocuteur (simple auditeur ou lecteur, adversaire, complice) et porter attention à la manière dont il est présenté, interpelé, cité.
- Demandez-vous si et comment le lecteur est présent dans le texte.

III Étudier le lexique et les procédés stylistiques

1 Le lexique

- Observez les champs lexicaux et les liens qui les unissent.
- Identifiez les connotations (lexique évaluatif, appréciatif).
- Déterminez la tonalité du texte (comique, satirique, lyrique…) et les procédés d'expression qui la soutiennent.

Conseil

Soyez également attentif à la **typographie** qui signale l'importance d'un mot avec les lettres capitales ou l'italique, l'ironie avec des guillemets.

2 Les procédés stylistiques

- Répertoriez les figures de style et cherchez à interpréter leur rôle dans l'argumentation :
  - figures d'insistance (répétition, parallélisme, énumération, gradation, prétérition) ;
  - figures d'exagération (hyperbole) ;
  - images (comparaison, métaphore).
- Détectez la présence possible d'ironie et étudiez-en les effets.

Quiz EXPRESS

18

Avez-vous bien révisé les fiches 13 à 17 ? On vérifie !

La littérature d'idées (1)

1 La littérature d'idées des XVIe et XVIIe siècles

▶ FICHE 14

Cochez la bonne réponse.

1. À quoi reconnaît-on un texte humaniste ?

☐ a. Il est écrit en latin.

☐ b. Il met l'être humain au centre de sa réflexion.

☐ c. Il place toute sa confiance en l'homme.

2. La devise des auteurs du classicisme est :

☐ a. d'instruire, de plaire et d'émouvoir.

☐ b. de convaincre, de persuader et de délibérer.

☐ c. de châtier les mœurs par le rire.

2 La littérature d'idées au XVIIIe siècle

▶ FICHE 15

L'écriture est un combat sous la plume des Lumières...

☐ a. parce qu'il faut parvenir à échapper à la censure de la Librairie.

☐ b. parce qu'il faut lutter contre l'obscurantisme, le fanatisme religieux, les formes abusives du pouvoir.

☐ c. parce que l'Église a le monopole de l'édition.

3 Étudier un texte d'idées

▶ FICHES 16

Quel est le type d'argument utilisé dans la phrase suivante ?

> Il faut que le poète traite son sujet selon le vraisemblable et le nécessaire ; Aristote le dit, et tous ses interprètes répètent les mêmes paroles [...].
>
> Corneille

☐ a. un argument d'autorité

☐ b. un argument d'expérience

☐ c. un argument *ad hominem*

CORRIGÉS

1 La littérature d'idées des XVIe et XVIIe siècles

1. Réponse b.

Forgé sur le mot *humain*, l'humanisme centre sa pensée sur l'homme envisagé pour lui-même et non plus seulement dans son rapport à Dieu. Il met parallèlement à l'honneur les humanités, savoirs hérités de l'Antiquité gréco-latine.

2. Réponse a.

Le classicisme reprend à son compte la doctrine du poète latin Horace, « *Docere, placere, movere* », selon laquelle la création littéraire doit édifier le lecteur, le séduire tout autant que mobiliser ses sentiments.

Citation

« Châtier les mœurs par le rire » se trouve également dans *Art poétique* d'Horace, « *Castigat ridendo mores* », et renvoie à la mission de la comédie qui doit corriger les comportements humains sur un mode léger et agréable.

2 La littérature d'idées au XVIIIe siècle

Réponse b.

La plume des écrivains devient la meilleure arme pour diffuser à travers leurs écrits l'esprit de tolérance et encourager chaque lecteur à penser par lui-même.

3 Étudier un texte d'idées

Réponse a.

L'argument d'autorité s'enlève sur le respect dû à la personne dont on reprend les propos. La reconnaissance d'Aristote comme une figure éminente de la philosophie antique engage le lecteur à adhérer à la proposition énoncée par le locuteur.

À noter

Un **argument *ad hominem*** est un argument dirigé littéralement « vers un homme » c'est-à-dire qui s'en prend directement à sa personne.

FLASHCARDS

Mémorisez les idées clés des fiches 13 à 17

19

La littérature d'idées (1)

1

Qu'est-ce qu'un essai ?

FICHE 13

2

Qu'appelle-t-on un apologue ?

FICHE 13

3

Qui sont les « moralistes » du XVIIe siècle ? Citez-en trois.

FICHE 14

4

Qu'est-ce que l'*Encyclopédie* ? Citez-en quelques auteurs.

FICHE 15

5

Quel est l'intérêt du conte philosophique ?

FICHE 16

6

Qu'est-ce qu'une thèse ?

FICHE 16

7

Quelle est la différence entre « convaincre » et « persuader » ?

FICHE 16

8

Quels sont les éléments présents dans une argumentation ?

FICHE 16

RÉPONSES

Efforcez-vous de répondre aux questions par vous-même avant de consulter les réponses, puis révisez régulièrement pour bien mémoriser.

1

Essai : texte non-fictionnel en prose, à visée argumentative. Le genre de l'essai a été inventé par Montaigne.

2

Apologue : récit allégorique qui dispense une leçon de sagesse.

3

Les « **moralistes** » sont des écrivains de textes à visée morale, qui écrivent sur les mœurs : La Rochefoucauld, Saint-Simon, La Bruyère, La Fontaine, Molière, Pascal...

4

L'***Encyclopédie*** est une entreprise éditoriale qui visait à recenser toutes les connaissances disponibles de l'époque. Diderot et d'Alembert, notamment, en furent les initiateurs et auteurs parmi d'autres contributeurs.

5

Le **conte philosophique** rend accessible au plus grand nombre des théories scientifiques et des concepts philosophiques.

6

Thèse : point de vue, opinion défendu(e) par le locuteur.

7

- **Convaincre** : s'appuie sur la raison.
- **Persuader** : s'appuie sur les émotions, la subjectivité.

8

Les **éléments d'une argumentation** :
- le thème : sujet du débat
- la thèse : position défendue
- l'argument : proposition qui aide à faire valoir la thèse
- l'exemple : illustration de l'argument.

Montaigne, *Essais* (I, 31 et III, 6)

Parcours : « Notre monde vient d'en trouver un autre »

20

☐ OK

Lorsque Montaigne commence la rédaction des *Essais* en 1571, la découverte du Nouveau Monde date de moins d'un siècle. L'intérêt de l'essayiste pour les peuples dits « sauvages » rejoint son projet d'écriture qui consiste à décrire la nature humaine dans sa diversité.

I Connaître l'œuvre

1 L'auteur et le contexte

- Michel de Montaigne (1533-1592) reçoit une éducation libérale et humaniste. Après des études de droit, il exerce de hautes fonctions administratives.
- En 1563, la disparition de son ami Étienne de La Boétie bouleverse Montaigne : il se retire des affaires, se consacre à l'édition de l'œuvre du disparu puis s'essaie lui-même à l'écriture. Il publie deux premiers livres en 1580 et un troisième en 1588 sous le titre *Essais*.

À noter

Le terme d'***essai*** – « tentative » et « apprentissage » – rend compte d'une démarche qui ne vise ni l'exhaustivité ni l'objectivité.

2 Structure de l'œuvre et résumé

- Les *Essais* rassemblent une centaine de chapitres sur divers sujets, répartis en trois livres.
- « Des Cannibales » (I, 31) aborde la thématique de la barbarie supposée des Amérindiens.
- « Des Coches » (III, 6) obéit à une composition « à sauts et à gambades » : à un historique des voitures à cheval succède un développement sur l'intérêt du lustre, lequel conduit à une réflexion sur le Nouveau Monde.

II Comprendre le parcours

1 La découverte du Nouveau Monde

- Les deux chapitres témoignent de l'intérêt de Montaigne pour des événements historiques proches : la découverte et la colonisation du Nouveau Monde et la question indienne débattue à la conférence de Valladolid en 1550.

● À l'intérêt pour l'événement se joint, chez Montaigne, une **curiosité intellectuelle** qu'il nourrit des **récits de voyages** de l'époque : il lit notamment *Histoire d'un voyage fait en terre du Brésil* de Jean de Léry (1578).

● Si « Des Cannibales » concerne le Brésil – et donc l'occupation portugaise –, « Des Coches » fait référence aux empires précolombiens du Mexique, du Pérou et de l'Équateur, tombés sous la colonisation espagnole. Le tableau dressé des Indiens se trouve conforme aux témoignages des voyageurs et comporte une **valeur ethnographique**.

2 La question de l'altérité

● À l'opposé de la barbarie prétendue des peuples du Nouveau Monde, Montaigne fait l'**éloge de ces nations** vivant **en conformité avec la nature**. À l'absence de culture, il oppose l'existence d'une morale simple, faite d'équité et de loyauté. Aussi la sauvagerie vaut-elle comme qualité.

● L'éloge de l'innocence amérindienne va de pair avec la **dénonciation du Vieux Continent**, rongé par la cupidité des hommes « civilisés ». L'essayiste entend ainsi **retourner les préjugés ethnocentriques**, préfigurant les idées des philosophes des Lumières.

● La réflexion sur l'altérité conduit aussi Montaigne à jeter un **regard neuf sur lui-même** se trouvant alors des points communs avec les peuples d'Amérique :

> Que si j'eusse été entre ces nations qu'on dit vivre encore sous la douce liberté des premières lois de nature, je t'assure que je m'y fusse très volontiers peint tout entier, et tout nu.
>
> « Au lecteur »

L'ESSENTIEL

Essais, I, 31 et III, 6, Montaigne (1580 - 1588)

- **Mouvement :** humanisme
- **Thèmes :** l'altérité
- **Tonalités :** didactique, polémique
- **Buts :** convaincre, persuader, délibérer sur la question indienne

La Fontaine, *Fables* (livres VII à XI)

Parcours : Imagination et pensée au XVIIe siècle

21

☐ OK

Les *Fables* de La Fontaine sont des récits animés délivrant des leçons de sagesse, sous forme de moralités. Pourtant, dans les livres VII à XI, le conteur semble l'emporter sur le moraliste ; l'imagination est célébrée ; la pensée se fait prudence.

I Connaître l'œuvre

1 L'auteur et le contexte

- Jean de La Fontaine (1621-1695) hérite de son père une charge de Maître des eaux et des forêts. En 1658, il est introduit chez Nicolas Fouquet, surintendant des Finances sous **Louis XIV**. Il fréquente les cercles du classicisme et s'essaie à la poésie. Vers 1664, il inaugure une **carrière de fabuliste** qu'il poursuivra jusqu'à sa mort.

À noter

En 1661, **Fouquet** est arrêté sur ordre du roi. Mécène de La Fontaine, il l'emporte dans sa disgrâce malgré les efforts du fabuliste pour revenir en faveur.

2 Structure de l'œuvre

- Les livres VII à XI composent le deuxième des trois recueils des *Fables*. Parus en 1678-1679, ils reflètent **l'esprit des salons** fréquentés par l'écrivain.
- Si les fables du premier recueil étaient adressées au jeune Dauphin, les suivantes sont **dédiées à la maîtresse du roi** : les récits sont plus élaborés, les messages plus politiques, les moralités plus philosophiques.
- Les **sources** exploitées par La Fontaine sont **plus diverses** : on retrouve les fondateurs antiques – Ésope et Phèdre – mais aussi l'Indien Pilpay, l'humaniste Rabelais.

II Comprendre le parcours

1 Morales du Grand Siècle

- L'esthétique classique assigne à l'écriture une **mission d'édification**. Une littérature morale voit le jour dans la seconde moitié du XVIIe siècle :
  - **La Rochefoucauld** observe avec lucidité les ressorts de l'action humaine pour en tirer ses *Maximes et Réflexions diverses* ;

- La Bruyère s'intéresse aux défauts de l'âme pour peindre ses *Caractères* ;
- de même, La Fontaine prétend par « les raisonnements et conséquences que l'on peut tirer de [s]es fables [...] forme[r] et le jugement et les mœurs ».

Le classicisme travaille à la correction des vices en proposant des systèmes de pensée morale. La Fontaine, lui, préfère diffuser des conseils pragmatiques et prudents. Il s'agit non de condamner mais d'enseigner le principe du moindre mal.

Chez les écrivains classiques, l'imagination se met au service de la morale. Intrigues dramatiques, récits divertissants, ressources poétiques permettent de plaire au lecteur tout en l'instruisant.

Citation

« Une morale nue apporte de l'ennui : / Le conte fait passer le précepte avec lui ». (*Fables*, VI, 1)

2 Le pouvoir des fables

La tradition antique faisait de l'apologue un outil rhétorique où l'imagination le cédait à la pensée. Les classiques reprennent à leur compte cette partition contre les effusions du baroque.

À l'inverse, La Fontaine réhabilite celle que le philosophe Malebranche considérait comme « la folle du logis ». La fantaisie s'invite dans les fables, « comédie à cent actes divers » cédant la parole aux animaux en vertu d'un bestiaire entre symbolisme et naturalisme.

Le XVIIe siècle voit s'affronter Descartes et Gassendi : le premier se défie des sens et considère la matière comme inerte quand le second soutient l'existence de l'âme, y compris chez les animaux. Contre la toute puissante raison cartésienne, La Fontaine réhabilite les sens et les célèbre aux dépens de la pensée sérieuse.

Dans un siècle qui considère avec Pascal que « le moi est haïssable », la pensée s'oppose à la rêverie, l'esprit contient les élans du cœur indignes de « l'honnête homme ». La sagesse des *Fables* se teinte pourtant de lyrisme : la pensée prend parfois la forme d'une confidence pour célébrer la puissance de la fiction.

L'ESSENTIEL

Fables, VII à XI
La Fontaine (1678 - 1679)

- **Mouvement :** classicisme
- **Thème :** l'étude des mœurs
- **Buts :** plaire et instruire

Montesquieu, *Lettres persanes*

Parcours : Le regard éloigné

22

☐ OK

Les *Lettres persanes* donnent à lire la correspondance entre deux Persans, Rica et Usbek, en voyage en Europe, et leurs amis restés en Orient.

I Connaître l'œuvre

1 L'auteur et le contexte

- **Philosophe et écrivain**, Montesquieu (1689-1755) consacre sa vie et sa réflexion au droit et à la politique.
- Publiées anonymement en 1721, les *Lettres persanes* marquent le premier succès littéraire de Montesquieu. La parution du traité *De l'Esprit des lois*, mis à l'Index en 1751, et la contribution à l'*Encyclopédie* font de l'auteur une **figure des Lumières**.

2 Résumé de l'œuvre

Les *Lettres persanes* est un **roman épistolaire** qui entremêle **récit de voyage** et **intrigue libertine** ; mais la trame romanesque se distend entre les missives XXIV et CXLVI pour laisser place à la réflexion sur les usages des Français.

II Comprendre le parcours

1 L'art de l'éloignement

- Au XVIIIe siècle, les **voyages** et les **échanges** se multiplient et, avec eux, les récits et les témoignages comme *Voyages en Turquie, en Perse et aux Indes* (1677-1679) de Tavernier. En relatant les faits et les impressions *a posteriori*, ces textes imposent au rédacteur une distance par rapport aux événements. Comme ces derniers, la lettre impose un retour sur soi et se fait outil critique.
- Une **mode orientale** s'épanouit en France depuis la traduction des *Contes des Mille et Une Nuits* en 1704. L'Orient fournit à la fiction un cadre exotique aussi séduisant que dépaysant ; il favorise également un **décentrement de la pensée** chez le lecteur

> **À noter**
>
> L'**ethnocentrisme** désigne la tendance à privilégier le groupe social auquel on appartient, ce qui peut aboutir à des préjugés à l'égard des autres peuples.

occidental et, par là, un examen de son ethnocentrisme, comme en atteste le conte philosophique voltairien *Zadig ou la destinée*.

- Les philosophes des Lumières cherchent à **s'affranchir des préjugés** et s'attachent à jeter un regard neuf sur le monde : l'hypothèse d'un état de nature que la civilisation n'aurait pas corrompu chez Rousseau ou la mise en scène d'un Ingénu chez Voltaire, de Persans chez Montesquieu, participent de cet effort.

2 La révolution dans les Lettres

- Au XVIIIe siècle, la **censure** fait encore rage : pour assurer la diffusion de leurs idéaux, les écrivains mettent au point des stratégies littéraires obliques. L'**ironie** permet de discréditer et ridiculiser les idées auxquelles on s'oppose ; le **procédé de distanciation** de formuler une critique par la voix d'un « Autre » fictif.
- Abondamment exploitée par les philosophes, la **permutation des points de vue** engage une mise en perspective des valeurs et fait apparaître la relativité des discours et des idéologies. C'est sur ce modèle que fonctionnent les *Lettres persanes* comme le *Supplément au voyage de Bougainville* de Diderot.
- Chez Montesquieu, le « regard éloigné » posé par le Persan sur la France aboutit à une **« révolution sociologique »** définie par Roger Caillois comme « la démarche de l'esprit qui consiste à se feindre étranger à la société où l'on vit, à la regarder du dehors et comme si on la voyait pour la première fois » (Préface aux *Œuvres complètes de Montesquieu*, 1949).

L'ESSENTIEL

Lettres persanes
Montesquieu (1721)

- **Mouvement :** les Lumières
- **Thème :** la satire de la société et de la monarchie françaises
- **Buts :** plaire et critiquer

Quiz EXPRESS 23

Avez-vous bien révisé les fiches 20 à 22 ? On vérifie !

La littérature d'idées (2)

1 Les *Essais* de Montaigne

▶ FICHE 20

Cochez les affirmations correctes.

☐ **a.** Montaigne a participé à la découverte du Nouveau Monde.

☐ **b.** Montaigne a inventé la forme de l'essai.

☐ **c.** Les livres I et III des *Essais* sont un document ethnographique.

☐ **d.** Les livres I et III des *Essais* livrent des réflexions personnelles sur le Nouveau Monde.

2 Les *Fables* de La Fontaine

▶ FICHE 21

1. Cochez les affirmations correctes.

☐ **a.** La Fontaine a inventé le genre de la fable.

☐ **b.** Il a mis en vers des apologues hérités de l'Antiquité.

☐ **c.** Il a construit, avec les *Fables*, un système idéologique complet.

☐ **d.** Il donne dans les *Fables* des solutions pragmatiques aux problèmes de l'existence.

2. De quel genre les *Fables* relèvent-elles ?

☐ **a.** de la poésie

☐ **b.** du genre narratif

☐ **c.** de l'apologue

3 Les *Lettres persanes* de Montesquieu

▶ FICHE 22

Cochez les affirmations correctes.

☐ **a.** Les *Lettres persanes* relèvent du genre du roman épistolaire.

☐ **b.** Montesquieu a assuré le pouvoir pendant la Régence.

☐ **c.** Montesquieu a été l'initiateur de l'*Encyclopédie*.

☐ **d.** Dans ses œuvres, Montesquieu livre une réflexion juridique et politique.

CORRIGÉS

1 Les *Essais* de Montaigne

Réponses b et d. Montaigne a donné forme au genre de l'essai en proposant à ses lecteurs un texte hybride qui mêle réflexions personnelles sur le Nouveau Monde, considérations historiques et philosophiques, anecdotes tirées du quotidien, citations d'auteurs… Par là, il se distingue du genre du traité.

2 Les *Fables* de La Fontaine

1. Réponses b et d. En puisant, entre autres, dans les apologues du grec Esope et du latin Phèdre, La Fontaine a trouvé des canevas narratifs dans lesquels inscrire ses propres fables, dont la particularité est d'être versifiées et non plus en prose. L'auteur ne prétend pas édifier un système de philosophie morale mais mettre en scène des cas pratiques à mêmes d'instruire le lecteur.

2. Réponse c. La particularité des *Fables* est qu'elles relèvent d'une double catégorie générique : récit et morale se combinent pour donner naissance à un apologue.

3 Les *Lettres persanes* de Montesquieu

Réponses a et d. Sous les dehors d'un roman par lettres, *Lettres persanes* se veut aussi indirectement une réflexion imagée sur les institutions françaises sous la monarchie absolue.

Mot clé

Du grec *apologos*, « récit détaillé », l'**apologue** est un récit à visée morale. Entrent dans cette catégorie la fable, mais également le conte philosophique, le mythe, l'utopie…

*FLASH*CARDS

24

Mémorisez les idées clés des fiches 20 à 22

La littérature d'idées (2)

1

Quels thèmes traite le chapitre des *Essais* « Des Coches » ?

▶ FICHE 20

2

En quoi Montaigne fait-il l'éloge des peuples du Nouveau Monde ?

▶ FICHE 20

3

Quelle est la particularité du chapitre des « Cannibales » au regard des autres essais ?

▶ FICHE 20

4

Quelle est la fonction de l'écriture selon le classicisme ?

▶ FICHE 21

5

Quel profit La Fontaine tire-t-il de la poésie dans l'argumentation ?

▶ FICHE 21

6

En quoi les fables du deuxième recueil se démarquent-elles des précédentes ?

▶ FICHE 21

7

Quel est l'avantage de la forme épistolaire des *Lettres persanes* ?

▶ FICHE 22

8

Qu'est-ce que le « regard éloigné » chez Montesquieu ?

▶ FICHE 22

RÉPONSES

Efforcez-vous de répondre aux questions par vous-même avant de consulter les réponses, puis révisez régulièrement pour bien mémoriser.

1

Thèmes traités dans le chapitre « **Des Coches** » :
- les voitures à cheval
- l'intérêt du lustre
- le Nouveau Monde (surtout les empires précolombiens et la colonisation espagnole)

2

Montaigne fait l'**éloge** de l'harmonie avec la nature et d'une morale simple, par opposition au Vieux Continent cupide.

3

Le chapitre 31 du **livre I** des *Essais* présente la **particularité** d'être unifié autour d'une thématique unique dont le titre donne la clef : la réflexion se resserre autour des notions de barbarie et de sauvagerie.

4

Une **fonction** d'édification morale, la correction des vices.

5

La **forme versifiée** permet des effets de rythme et de rapprochement prompts à mettre le sens en valeur.
Quant au **lyrisme** de l'écriture, il favorise l'épanouissement de l'imagination du lecteur.

6

Les **fables du deuxième recueil** sont dédiées à la maîtresse du roi ; les messages sont plus politiques, et les moralités plus philosophiques.

7

La **forme épistolaire** permet le recul critique et la réflexion sur soi, en miroir.

8

Le **« regard éloigné »** est le fait de se prétendre extérieur à sa propre société, pour la regarder depuis l'extérieur.

Les écritures narratives

25

☐ OK

Le terme *récit* englobe plusieurs genres qui correspondent à des formes d'écriture narrative différentes et qui dépendent étroitement du contexte historique et littéraire.

I Les genres du récit

Il existe un grand nombre de genres et sous-genres du récit. On peut les répartir en quatre grandes catégories :

- le **récit de fiction** dans lequel le narrateur (à ne pas confondre avec l'auteur) raconte une histoire fictive à la première ou à la troisième personne. Ce type de récit peut se présenter sous forme longue (roman) ou courte (nouvelle) ;
- les **écritures narratives à la première personne**, dans lesquelles le « je » qui raconte est en même temps le narrateur, l'auteur et le personnage principal (autobiographie, journal intime) ou témoin prenant une part importante à l'histoire (mémoires) ;
- la **littérature de voyage**, qui relate un voyage réellement effectué par l'auteur ;
- les **chroniques**, qui rapportent chronologiquement des événements du réel.

II Les caractéristiques de l'écriture narrative

1 La structure

Tout récit développe une intrigue qui a un début et une fin et se construit sur une **succession de péripéties**.

Le récit de fiction respecte généralement les **cinq étapes du schéma narratif** : la situation initiale ; l'élément perturbateur ; les péripéties ; le dénouement ; la situation finale.

> **Mot clé**
> L'**enchâssement** de récits secondaires peut venir complexifier la structure du récit principal.

Dans un roman, l'**incipit** introduit l'action, dresse le décor, donne le ton. Dans un récit non fictif, l'auteur crée un pacte de lecture, en énonçant plus ou moins clairement ses intentions (dire la vérité, relater des événements vécus, témoigner). Dans les deux cas, il s'agit d'instaurer une relation privilégiée avec le lecteur.

2 Les personnages

Le récit ne peut se passer de personnages, qu'ils soient fictifs ou réels.

- Dans un récit, les personnages tissent un réseau de relations. Le **schéma actantiel** en rend compte : le héros, ou sujet, cherche à atteindre un but, l'objet. Dans cette quête, il rencontre des aides, les adjuvants, et des obstacles, les opposants. La quête est commanditée par un émetteur, le destinateur, au bénéfice d'un destinataire qui juge de sa réussite ou de son échec.
- On peut aussi étudier les personnages selon un **système de valeurs**.

> **À noter**
>
> Certains personnages sont tellement associés à la **valeur** qu'ils représentent que leur nom devient un nom commun. Ex. : *C'est un vrai rastignac.* (= un arriviste, du nom du héros de Balzac).

III L'importance du contexte

- Les récits diffèrent en fonction de la **réalité historique** qui les voit naître. Mais ils ne donnent pas seulement à voir la réalité d'une époque, ils en proposent une **interprétation**.
- Ainsi, le voyageur dans la Lune de Cyrano de Bergerac, auteur français du XVIIe siècle, et les voyageurs interstellaires de Bradbury, auteur américain du XXe siècle, entreprennent un voyage bien différent : ils s'inscrivent dans des esthétiques distinctes et révèlent des interrogations humaines propres à leur époque respective.

L'ESSENTIEL

Les écritures narratives

Genres
- récit de fiction (roman, nouvelle)
- écriture narrative à la 1re personne (autobiographie, journal intime, mémoire)
- littérature de voyage, chroniques

Caractéristiques
- schéma narratif :
  1. situation initiale
  2. élément perturbateur
  3. péripéties
  4. dénouement
  5. situation finale
- schéma actanciel : sujet, objet, quête, adjuvants, opposants

Le récit, du Moyen Âge au XVIIIe siècle

26

☐ OK

Durant cette période, le récit connaît une grande évolution, de la chanson de geste au roman libertin, de la naissance du roman à l'anti-roman.

I Du Moyen Âge au XVIe siècle

1 Le Moyen Âge et la naissance du roman

- Le terme « roman » naît au XIIe siècle pour désigner un récit écrit en langue romane, et non plus en latin : il s'agit de chansons de gestes, récits des aventures d'un chevalier.
- Chrétien de Troyes s'inspire de la légende du Graal et du cycle arthurien pour écrire cinq romans en vers, dont *Perceval ou le Conte du Graal* qui raconte la quête spirituelle du chevalier Perceval.

2 Le XVIe siècle : le récit au service de l'humanisme

L'esprit de la Renaissance et de l'humanisme s'exprime dans les trois grands romans de Rabelais, *Pantagruel*, *Gargantua* et *Le Tiers Livre.* Derrière le burlesque et les aventures extraordinaires de deux géants, le lecteur est amené à réfléchir sur la guerre, la religion, l'accès au savoir…

II Au XVIIe siècle

- Le roman pastoral (l'*Astrée* d'Honoré d'Urfé, 1607-1628) met en scène des bergers et des bergères dont les conversations reprennent celles des salons précieux.
- Le roman héroïque et précieux montre des héros idéalisés impliqués dans des épopées et intrigues complexes. *Artamène ou le Grand Cyrus* (1649-1653) de Georges et Madeleine de Scudéry en est l'illustration.

Mot clé

La **préciosité** se caractérise par un raffinement extrême du comportement et du langage.

- Le roman baroque foisonne d'exubérance et de rebondissements. On peut citer *L'Autre Monde ou les États et Empires de la Lune et du Soleil* (1657) de Cyrano de Bergerac, qui narre un voyage fantaisiste et philosophique dans la Lune et le Soleil.
- Le roman réaliste et satirique dresse le tableau des mœurs de l'époque. Il en va ainsi du *Roman comique* (1651-1657) de Paul Scarron.

- Le **roman d'analyse** décrit les variations de la passion et relève d'une esthétique classique, à l'image de *La Princesse de Clèves* (1678), récit bref qui oppose passion et raison à la cour du roi Henri II vers 1550. L'analyse psychologique du personnage en fait un roman moderne.

III Au XVIIIe siècle

1 Le récit à la première personne

- Le **roman picaresque**, hérité d'un genre né en Espagne au XVIe siècle, raconte les aventures d'un *picaro* (personne en marge de la société). Lesage écrit *Les Aventures de Gil Blas de Santillane* (1715) dont le héros voyageur part à la recherche d'aventures plus ou moins honnêtes.
- Le **roman-mémoires** donne la parole à des personnages de fiction qui racontent, à la première personne, les étapes de leur vie, et notamment leur ascension sociale (Marivaux, *Le Paysan parvenu,* 1735, et *La Vie de Marianne,* 1731-1741) ou leur déchéance (l'abbé Prévost, *L'Histoire de Des Grieux et de Manon Lescaut,* 1731).
- Le **roman épistolaire** croise la correspondance de plusieurs épistoliers fictifs : deux voyageurs persans dans *Les Lettres persanes* de Montesquieu (1721), un couple de libertins et leurs « victimes » dans *Les Liaisons dangereuses* de Laclos (1782). L'absence de narrateur donne au récit une apparence d'objectivité.

2 L'anti-roman

Certains auteurs, tel Diderot dans *Jacques le fataliste* (1796), interrogent le genre romanesque pour le contester : on parle d'**anti-roman**. Le dialogue de Jacques et de son maître, sans cesse entrecoupé par des apostrophes au lecteur, rappelle l'illusion de la convention romanesque et empêche toute adhésion au récit.

L'ESSENTIEL

Du Moyen-Âge au XVIe siècle	Émergence du genre romanesque
XVIIe siècle	Préciosité, baroque et classicisme
XVIIIe siècle	Les écritures du « je » et l'esprit de provocation

Le récit au XIXe siècle

27

☐ OK

Romantique, réaliste ou naturaliste, le XIXe siècle est le siècle du roman.

I | Les grands courants littéraires

1 Le temps du romantisme

- Le récit romantique met souvent en scène **un héros en conflit avec la société**, qui s'en exclut par l'exil, (*René*, Chateaubriand, 1801) ou par un caractère hors du commun (*Corinne*, Madame de Staël, 1807).
- Le héros romantique est le plus souvent un **être passionné** chez qui domine une souffrance intime qui s'exprime dans l'affirmation d'un **« je » omniprésent.**
- Le romantisme peut **s'inspirer de l'Histoire** : les troubles de 1789, les campagnes de Napoléon, le retour de la monarchie et ses épisodes révolutionnaires, fournissent une riche matière. *Les Misérables* de Victor Hugo lui donnent une **dimension sociale**.

2 Une réaction : le réalisme

- À la subjectivité du « je » romantique, le réalisme oppose la volonté d'observer et représenter le réel avec **objectivité**. Le récit réaliste scrute en profondeur la société et ses travers.
- Dans *La Comédie humaine,* **Balzac** dresse un panorama de la société de son temps en créant des personnages représentatifs de tous les milieux. Ceux de **Stendhal** sont pris dans l'histoire contemporaine (*Le Rouge et le Noir* est sous-titré *Chronique de 1830*). Ceux de **Flaubert** appartiennent à la bourgeoisie provinciale (*Madame Bovary*) ou parisienne (*L'Éducation sentimentale*).
- Les romans réalistes sont souvent **romans d'apprentissage**. Ils retracent des **destins individuels** de héros dans une société cruelle qui les refuse (Julien Sorel chez Stendhal), dont ils profitent (Bel-Ami chez Maupassant), ou dont ils ne comprennent pas le fonctionnement (Frédéric Moreau chez Flaubert).

> **Citation**
> « Un roman est un miroir qui se promène sur une grande route. Tantôt il reflète à vos yeux l'azur des cieux, tantôt la fange des bourbiers... » (Stendhal)

3 Une prolongation : le naturalisme

- Dans le prolongement du réalisme, le récit naturaliste, qui a pour chef de file **Émile Zola**, se veut le **compte-rendu méthodique et documenté** de la réalité sociale de la fin du siècle.
- Le romancier pose un **œil scientifique** sur son personnage qui devient le cobaye d'une expérimentation montrant que l'homme est déterminé par son contexte et son hérédité (*Le Roman expérimental,* Zola).

II Des influences transversales

1 Le rôle du progrès

Dès 1836, les journaux conquièrent un lectorat plus grand grâce à des **romans-feuilletons** (Dumas, Sue, Balzac, Zola). Industrialisation et découvertes **scientifiques** fournissent de la matière aussi bien aux **récits d'anticipation** de Jules Verne qu'aux romans naturalistes de Zola.

2 L'attrait pour le voyage

- Que ce soit pour découvrir un monde premier (Chateaubriand, *Atala*, 1801), un pays proche (Stendhal, *Chroniques italiennes*, 1855), ou un ailleurs exotique (Flaubert, *Salammbô*, 1862), les romans du XIXe siècle font voyager les lecteurs.
- Les écrivains publient leurs **carnets et récits de voyage** : *L'Itinéraire de Paris à Jérusalem* (Chateaubriand, 1811), *Voyage en Orient* (Nerval, 1851)…

3 Le goût du fantastique

Le goût du fantastique traverse le siècle : aussi bien dans la période romantique (romantisme noir), que dans le réalisme (Balzac, Maupassant, Gautier, Mérimée). Il s'incarne souvent dans le format de la **nouvelle**.

L'ESSENTIEL

Le récit au XIXe siècle

Les grands courants
- romantisme (Mme de Staël, Hugo)
- réalisme (Balzac, Flaubert, Maupassant)
- naturalisme (Zola)

Les influences transversales
- le progrès (Dumas, Sue, Zola, Verne)
- le voyage (Stendhal, Nerval)
- le fantastique (Gautier, Mérimée, Maupassant)

Le récit depuis le XXe siècle

28

☐ OK

Le XXe siècle remet en question les fondements et les codes du roman : le traitement de l'intrigue et du personnage romanesque est renouvelé.

I Un renouveau

1 Repenser le roman

- La vision subjective et le monologue intérieur renouvellent la forme du récit. Dans *À la Recherche du temps perdu* (1913-1927) de Proust, le personnage et son destin cèdent la place à un **« je » intériorisé**.
- Certains auteurs interrogent la forme même du roman. Ainsi, dans *Les Faux-monnayeurs* (1925), André Gide **met en abyme** le travail de l'écrivain par une construction complexe faite d'emboîtements d'intrigues et d'une multiplicité de points de vue.

2 Interroger le sens de l'existence

- Les romans prenant pour thème les **deux Guerres mondiales** révèlent un homme englué dans des événements qu'il ne maîtrise pas : c'est le cas de Bardamu chez Céline (*Voyage au bout de la nuit,* 1932).
- L'homme dans toute sa détresse et le **héros démythifié** se rejoignent dans les personnages clochardisés de Beckett (*Molloy*, 1951), incapables d'action dans un **monde dénué de sens**.
- Si les romans de Camus (*L'Étranger*, 1942) et de Sartre (*La Nausée*, 1938), sont porteurs du **sentiment de l'absurde**, d'autres s'interrogent sur la portée de l'**engagement** de l'homme dans le monde, comme *La Condition humaine* (Malraux, 1933) ou *La Peste* (Camus, 1947).

II Des expérimentations

1 Le Nouveau Roman

Dans les années 1950-1970, le Nouveau Roman **remet en cause les codes du roman**.

- **Sarraute** (*L'Ère du soupçon*, 1956) **refuse l'effet « trompe-l'œil »**, qui, sous prétexte de vouloir rendre le réel, détourne le lecteur de la « vérité profonde » de l'être.
- **Robbe-Grillet** (*Pour un nouveau roman*, 1963) refuse le personnage traditionnel et toute utilisation du réel comme support d'une intrigue.

- **Michel Butor** (*L'Emploi du temps*, 1956) se joue de la chronologie par de constants allers et retours entre le passé et le présent.

2 L'influence du surréalisme et de l'Oulipo

La vision surréaliste et le jeu avec les contraintes de l'Oulipo vivifient la création romanesque. André Breton (*Nadja*, 1928), Queneau (*Zazie dans le métro,* 1959), Boris Vian (*L'Écume des jours,* 1947), **poétisent le réel et se jouent des mots et de la langue.** Perec écrit un récit de 300 pages (*La disparition*, 1969) sans utiliser la lettre *e*.

III Le mélange de genres

- L'**écriture autobiographique** reparaît mais dans des formes renouvelées : Nathalie Sarraute (*Enfance,* 1983) l'écrit sous forme de dialogue avec elle-même ; Georges Perec, (*W ou le souvenir d'enfance*, 1975) alterne une fiction écrite lors de son adolescence et le récit de son enfance écrit au présent.
- L'**autofiction,** hybride de roman et d'autobiographie, utilise la fiction pour accéder à la connaissance de soi. De nombreux auteurs s'y essaient, parmi lesquels Modiano avec *Dora Bruder* (1997).
- La **« non-fiction narrative »** tient à la fois du reportage, du documentaire et du récit romancé. *L'Adversaire* (1993), d'Emmanuel Carrère, récit d'un sinistre fait divers et du parcours de l'écrivain pour comprendre le criminel, en est un bon exemple.

> **Citation**
> « Depuis dix ans, on ne cesse de m'interroger sur la part de fiction qui entre dans mes livres. Or cette part de fiction, elle est nulle. » (Emmanuel Carrère)

L'ESSENTIEL

Le récit depuis le XIXe siècle

Renouveau
- interroger la forme du roman (Proust, Gide)
- interroger le sens de l'existence (Céline, Camus, Sartre)

Expérimentation
- nouveau Roman (Sarraute, Butor)
- surréalisme, OuLiPo (Breton, Queneau, Vian)

Mélange des genres
- renouveau de l'autobiographie (Sarraute, Perec)
- autofiction (Modiano)
- « non-fiction narrative » (Carrère)

Analyser un extrait de récit

29

☐ OK

Après une première lecture, quelles sont les questions à se poser pour mieux comprendre un extrait de récit et dégager des axes d'analyse ?

I Situer et caractériser l'extrait

1 Quelle est la tonalité de l'extrait ?

Reconnaissez-vous une **tonalité dominante** (lyrique, comique, dramatique…) et des **procédés d'écriture** (choix du vocabulaire, syntaxe…) qui pourraient inscrire l'extrait dans un courant littéraire ou dans une époque ? Aidez-vous aussi des informations données par le paratexte.

2 Quelle est la fonction de l'extrait ?

- Déterminez le **rôle de l'extrait dans l'intrigue** : s'agit-il de faire avancer l'action (scène de rencontre, dialogue…) ou de donner des informations sur le cadre ou les personnages (flashback, description…) ?
- S'il s'agit du début du récit (**incipit**), vous devrez en tenir compte dans votre étude. Celui-ci joue en effet un **rôle spécifique** : il installe un cadre spatio-temporel, suggère une action à venir, ou présente un personnage.

Conseil

Essayez de **résumer l'extrait** en une phrase pour faire ressortir l'enjeu principal.

II Étudier la narration

1 Qui raconte ?

Le narrateur est **celui qui raconte** : il peut être **intérieur ou extérieur au récit**.

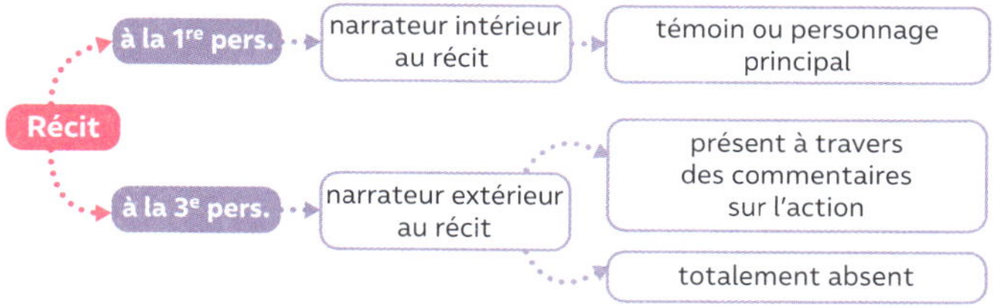

2 Quel est le point de vue du narrateur ?

Pour raconter l'histoire, le narrateur adopte un **point de vue ou focalisation**.

Focalisation externe	Le narrateur semble découvrir le personnage en même temps que le lecteur.
Focalisation zéro	Le narrateur est omniscient ; il connaît tout du personnage : son passé, son futur, ses pensées…
Focalisation interne	Le lecteur voit à travers le regard du personnage. Le narrateur s'efface pour laisser son personnage décrire, raconter…

III Analyser le traitement du temps

- Déterminez le **moment de la narration** par rapport au **moment des faits**. Le récit est souvent **rétrospectif** : les événements sont racontés au passé. Ils peuvent aussi être racontés au présent, **au fur et à mesure** de leur déroulement. Ils sont rarement racontés **par anticipation** avant leur déroulement effectif.

- Demandez-vous également si l'**ordre chronologique** est respecté ou s'il est perturbé par des **analepses** (retours en arrière) ou des **prolepses** (anticipation).

- Étudiez enfin le **rythme du récit** en comparant la durée des faits (F) et la durée de la narration (N). On distingue plusieurs cas de figures :
  - N = F (scène) ;
  - N > F (pause) ;
  - N < F (sommaire) ;
  - N = 0 (ellipse).

Exemple

Un dialogue constitue une **scène**, tandis qu'une description constitue une **pause**. Une indication comme « Trois années s'écoulèrent » est une **ellipse** et « Elle voyagea pendant plusieurs mois » un **sommaire**.

IV Analyser les personnages et le cadre

- Analysez les personnages et la manière dont ils sont présentés. Leur **nom** donne-t-il des informations (caractère, origine sociale, époque) ? Quels types de **relations** entretiennent-ils ? S'il s'agit d'un **portrait**, est-il physique et/ou moral, élogieux ou dépréciatif ?

- Les **éléments du décor** apportent-ils une information sur le personnage, sur celui qui décrit ? La description des lieux a-t-elle une **valeur symbolique ou réaliste** ?

Quiz EXPRESS

Avez-vous bien révisé les fiches 25 à 29 ? On vérifie !

30

Le récit (1)

1 Le récit, du Moyen Âge au XVIIIe siècle

▶ FICHE 26

Associez chaque auteur à son siècle.

a. Rabelais •		• Moyen Âge
b. Mme de La Fayette •		• XVIe siècle
c. Montesquieu •		• XVIIe siècle
d. Chrétien de Troyes •		• XVIIIe siècle

2 Le récit au XIXe siècle

▶ FICHE 27

1. Associez chaque auteur au courant littéraire auquel il appartient.

a. Zola •	
b. Balzac •	• romantisme
c. Flaubert •	• réalisme
d. Hugo •	• naturalisme
e. Stendhal •	

2. Cochez les affirmations correctes.

☐ a. Le récit romantique est uniquement centré sur les malheurs d'un individu.

☐ b. Le récit réaliste prend le contrepied du récit romantique.

☐ c. Les romanciers réalistes refusent le fantastique.

3 Le récit depuis le XXe siècle

▶ FICHE 28

1. Reliez chaque œuvre à son auteur.

a. *La Peste* •	• Malraux
b. *La Condition humaine* •	• Camus
c. *Nadja* •	• Breton

2. Cochez les affirmations correctes.

☐ a. Le Nouveau Roman s'inspire du roman réaliste.

☐ b. Le Nouveau Roman perturbe la chronologie linéaire.

☐ c. Le Nouveau Roman déconstruit le personnage traditionnel.

CORRIGÉS

1 Le récit, du Moyen Âge au XVIIIe siècle

a. Rabelais → XVIe siècle

b. Mme de Lafayette → XVIIe siècle

c. Montesquieu → XVIIIe siècle

d. Chrétien de Troyes → Moyen Âge

2 Le récit au XIXe siècle

1. a. Zola → naturalisme

b. Balzac → réalisme

c. Flaubert → réalisme

d. Hugo → romantisme

e. Stendhal → réalisme

2. Réponses b et c.
Si le récit réaliste, contrairement au récit romantique, s'inscrit dans le monde contemporain et s'attache à décrire le réel, cela n'empêche pas certains romanciers réalistes d'écrire des nouvelles fantastiques.

3 Le récit depuis le XXe siècle

1. a. *La Peste* → Camus

b. *La Condition humaine* → Malraux

c. *Nadja* → Breton

2. Réponses b et c.
Le Nouveau Roman refuse les codes du roman réaliste en perturbant la chronologie et en déconstruisant le statut des personnages.

FLASHCARDS

Mémorisez les idées clés des fiches 25 à 29.

31

Le récit (1)

1

Quels sont les différents types de récits ?

FICHE 25

2

Qu'est-ce que le schéma actantiel ?

FICHE 25

3

Qu'est-ce qu'un roman épistolaire ?

FICHE 26

4

Quelles sont les caractéristiques du roman réaliste ?

FICHE 26

5

Citez trois auteurs réalistes.

FICHE 26

6

Quelles sont les caractéristiques du Nouveau roman ?

FICHE 28

7

Dans un récit, quels sont les trois points de vue possibles ? Définissez-les.

FICHE 29

8

Quels sont les éléments à étudier quand on analyse un extrait de récit ?

FICHE 29

RÉPONSES

Efforcez-vous de répondre aux questions par vous-même avant de consulter les réponses, puis révisez régulièrement pour bien mémoriser.

1

Différents types de récits :
- le récit de fiction
- les écritures narratives à la première personne
- les récits de voyage
- les chroniques

2

Le **schéma actanciel** est un modèle de développement du récit : le sujet cherche à atteindre un objet ; sa quête lui fait rencontrer des adjuvants et des opposants, et profite à des bénéficiaires.

3

Un **roman épistolaire** rassemble la correspondance d'épistoliers fictifs, sans narrateur.

4

Un **roman réaliste** témoigne des mœurs de l'époque et se veut objectif.

5

Quelques auteurs réalistes :
- Balzac
- Flaubert
- Stendhal
- Maupassant

6

Le **Nouveau Roman** sort des codes du roman et de la représentation du réel.

7

1. **externe** : le narrateur est extérieur aux personnages.
2. **omniscient** : le narrateur est omniscient, il sait tout des personnages.
3. **interne** : la narration passe par le point de vue d'un personnage.

8

Les **éléments à étudier** sont :
- la tonalité
- la fonction
- la narration
- le temps
- les personnages
- le cadre.

Mme de Lafayette, *La Princesse de Clèves*

Parcours : Individu, morale et société

32

☐ OK

***La Princesse de Clèves*, nouvelle historique centrée sur une crise amoureuse dans un univers mondain, s'est imposée comme un chef-d'œuvre du récit d'analyse.**

I Connaître l'œuvre

1 L'auteur et le contexte

- Au XVIIe siècle, Mme de Lafayette renouvelle le genre du récit à travers l'esthétique de la **nouvelle historique**, toute de retenue et de sobriété.
- Mme de Lafayette publie dans l'**anonymat**. Très appréciées, ses œuvres soulèvent des débats éthiques sur **la vertu et la passion**, comme *La Princesse de Montpensier* (1662) et *La Princesse de Clèves* (1678).
- Familière des **salons** précieux et de la cour, Mme de Lafayette fait des milieux aristocratiques le cadre de ses récits, qui étudient la **passion amoureuse**.

> **Mot clé**
> La **préciosité** est un courant culturel et artistique du XVIIe siècle, qui régule la séduction et exprime les transports amoureux à travers une langue raffinée et métaphorique.

2 Résumé de l'œuvre

- À la cour des Valois, au XVIe siècle, l'aristocratie mène une vie fastueuse et divertissante. Mme de Chartres marie sa fille, **belle et vertueuse**, à **M. de Clèves**, qui en est éperdument amoureux et se désole de sa retenue. Lors d'un bal, la princesse et le duc de Nemours tombent amoureux ; mais elle cherche à fuir sa cour assidue.
- **Tiraillée entre la passion et la vertu**, la princesse avoue ses sentiments à son mari qui, jaloux, conçoit de faux soupçons ; il en meurt. Mme de Clèves, désormais libre, refuse cependant d'épouser Nemours et trouve son repos loin des dangers de la cour.

II Comprendre le parcours

1 Un univers mondain et dangereux : la cour

- Derrière le raffinement et les divertissements, la cour est un **univers dangereux** qui impose ses exigences de modération, de galanterie, d'élégance. La façade mondaine cache bien des **intrigues** et des luttes d'influence. Il s'agit, comme pour le duc de Nemours, de dissimuler ce qui trahit les pensées, et de faire bonne figure.

- La princesse de Clèves se démarque par l'éducation qu'elle a reçue et par ses dispositions singulières à la sincérité, à la modestie, à la vérité. **La vertu des femmes est mise à l'épreuve** ; leurs écarts de conduite sont plus sévèrement punis que ceux des hommes.

- Dans la même veine, **l'hypocrisie de la bourgeoisie provinciale** étouffe Thérèse Desqueyroux (Mauriac, 1927), qui pour y échapper empoisonne son mari.

2 Un récit d'analyse

- *La Princesse de Clèves* donne à voir une intériorité soumise à la pression du **regard public**. La société mondaine oblige à s'inscrire dans le cadre des convenances : ainsi, la princesse doit dissimuler sa passion. M. de Clèves faute en se laissant **aveugler par ses sentiments**.

- Le récit montre la difficulté des **choix moraux** dans un milieu qui menace l'individu, exposé aux dangers des passions.

> **À noter**
> Au XVIIe siècle, le **mariage aristocratique** n'est en rien fondé sur les sentiments : c'est une institution qui privilégie les alliances politiques ou patrimoniales.

> « Les passions peuvent me conduire ; elles ne sauraient m'aveugler. »
> *La Princesse de Clèves*, Quatrième partie

- Au fil du récit, la princesse dépasse son tiraillement entre amour incontrôlé et devoir, passion et vertu : elle choisit la **quiétude de la retraite**. Au contraire, la princesse de Montpensier (1662) cède à sa passion pour le duc de Guise, qui finit pourtant par l'abandonner : elle meurt de chagrin, **punie d'avoir transgressé la vertu**.

L'ESSENTIEL

La Princesse de Clèves, Mme de Lafayette (1678)

- **Genre :** nouvelle historique
- **Mouvement :** classicisme
- **Buts :** décrire le fonctionnement de l'amour, étudier la lutte entre vertu et passion

Stendhal, *Le Rouge et le Noir*

Parcours : Le personnage de roman, esthétiques et valeurs

33

☐ OK

Au XIXe siècle, le roman, en plein essor, s'impose comme le genre le mieux à même de dépeindre la complexité du monde et de l'individu. Incompris en son temps, *Le Rouge et le Noir* fustige la société de la Restauration et nous mène sur les pas d'un héros ambigu.

I Connaître l'œuvre

1 L'auteur et le contexte

- Stendhal naît dans une famille bourgeoise et royaliste. Il amorce une carrière militaire avant de se tourner vers l'écriture.
- Essayiste et romancier, il connaît des débuts difficiles, entre réalisme et romantisme. *Le Rouge et le Noir* est son premier grand roman, entre roman d'initiation, roman d'analyse et roman historique.

2 Résumé de l'œuvre

Mot clé

La **Restauration** (1814-1830) correspond au retour de la monarchie française, après la chute de l'Empire napoléonien.

- L'intrigue se déroule sous la Restauration. Julien Sorel, fils de charpentier, se destine à une carrière ecclésiastique. Devenu précepteur des enfants de M. de Rênal, il séduit bientôt sa femme. Leur liaison éventée, Julien doit quitter la ville.
- Il rentre au séminaire de Besançon, où il découvre la médiocrité des religieux. La protection de l'abbé Pirard lui permet d'être engagé à Paris comme secrétaire du marquis de la Mole : il découvre alors la haute société et amorce une relation secrète avec Mathilde, fille du marquis.
- Alors qu'il touche aux plus hautes fonctions, Mme de Rênal dénonce Julien : elle le décrit comme un ambitieux, dangereux et hypocrite. Julien la blesse au pistolet ; emprisonné, il s'aperçoit qu'il aime toujours cette femme. Il meurt guillotiné.

II Comprendre le parcours

1 Représenter la société telle qu'elle est

- Sous-titré « Chronique de 1830 » et inspiré de faits divers, *Le Rouge et le Noir* s'inscrit dans les débuts du mouvement réaliste.

> Un roman est un miroir qui se promène sur une grande route. Tantôt il reflète à vos yeux l'azur des cieux, tantôt la fange des bourbiers de la route.
>
> Stendhal, *Le Rouge et le Noir*, II, 19

- *Le Rouge et le Noir* condamne la **société mesquine** de la Restauration. Le narrateur raille l'« asphyxie morale » de cette société à travers des **portraits moqueurs** et des **pointes ironiques**. Le recours au point de vue interne donne à voir le monde à travers la conscience des personnages.

2 Un roman d'initiation : de la charpente à l'échafaud

- Très apprécié au XIXe siècle, le **roman d'initiation** présente le parcours d'un personnage jeune et naïf qui découvre le monde, souvent au prix de désillusions qui le font mûrir. Dans *Le Père Goriot* de Balzac, Rastignac apprend comment réussir à Paris. Julien Sorel est confronté aux ressorts secrets de la politique.
- Julien souffre d'un écart entre sa place dans la société et sa force d'âme.
- Calculateur et orgueilleux, Julien cache aussi une **âme passionnée et sensible** qui touche le lecteur. Emprisonné au seuil de son triomphe, il devient un autre homme en comprenant que sa « noire ambition » l'a égaré : c'est dans l'amour pour Mme de Rênal qu'il aurait pu s'accomplir.
- Julien est décrit comme « **l'homme malheureux en guerre contre toute la société** ». Dans *Bel-Ami* de Maupassant, Georges Duroy, parti de rien, triomphe. Étienne Lantier, héros du *Germinal* de Zola, organise la lutte des mineurs pour obtenir un avenir meilleur.

L'ESSENTIEL

Le Rouge et le Noir, Stendhal (1830)

- **Genre :** roman d'initiation
- **Mouvement :** entre romantisme et réalisme
- **Thèmes :** l'ascension et la chute de Julien Sorel sous la Restauration
- **Buts :** décrire avec férocité la société, de l'époque

Yourcenar, *Mémoires d'Hadrien*

Parcours : Soi-même comme un autre

34

☐ OK

Dans ces mémoires fictifs, Marguerite Yourcenar convoque la figure historique d'Hadrien. Elle y fait le portrait d'un empereur romain antique et livre les méditations métaphysiques d'un vieil homme au seuil de la mort.

I Connaître l'œuvre

1 L'auteur et le contexte

- Marguerite Yourcenar (1903-1987), femme de lettres et de voyages, publie romans et nouvelles dès les années 1930. En 1939, elle s'installe aux États-Unis.
- **Érudite** et passionnée par les civilisations antiques, elle publie en 1951 un **roman historique** très documenté, *Mémoires d'Hadrien*, qui obtient un succès international.
- En 1980, elle est la première femme élue membre de **l'Académie française**.

Mot clé

Les **Mémoires** sont le récit qu'un personnage fait de sa propre vie, en mettant l'accent sur ses liens avec le contexte historique.

2 Résumé de l'œuvre

- Le roman se présente sous la forme d'une **longue lettre** écrite par l'empereur **Hadrien** après vingt ans de règne, au début du IIe siècle de notre ère. Il s'adresse à son petit-fils adoptif, **Marc Aurèle**, âgé de 17 ans, lui-même futur empereur romain.
- Hadrien, conscient de **l'imminence de sa mort**, souhaite **mieux se connaître** à travers le récit de sa propre vie.
- Il raconte ses **années d'études et de formation** entre l'Espagne, Rome et Athènes, puis son engagement militaire dans l'armée du Danube. Après avoir succédé à Trajan, il s'efforce de **ramener la paix** au sein de l'Empire romain.
- La répression de la révolte en Judée affaiblit **l'empereur vieillissant**. Après avoir choisi pour successeur Lucius, qui meurt soudainement, il se replie sur le vertueux Antonin. Malade, Hadrien envisage le suicide, avant d'y renoncer : il attend désormais patiemment la mort.

II Comprendre le parcours

1 Se raconter soi-même

- Le narrateur peut recourir à la première personne pour raconter sa propre vie.
- Dans ces **mémoires fictifs**, il pose un regard lucide sur **ses réussites et ses échecs**. Hadrien vante ainsi les villes qu'il a fondées et la sagesse de ses lois, tout en reconnaissant certaines erreurs de jugement. Sous la plume de Prévost, le chevalier des Grieux raconte les **tourments de sa passion** pour Manon (*Manon Lescaut*, 1731).
- En tant qu'empereur romain, Hadrien est aussi un **témoin privilégié de son époque**. Dans *La mort est mon métier* (1952), Robert Merle imagine les mémoires du commandant du camp d'Auschwitz afin de montrer l'horreur du génocide à travers le regard d'un criminel nazi.

2 La difficile connaissance de soi-même

- Hadrien éprouve la **difficulté de se connaître soi-même**, qui nécessite les mouvements contradictoires d'une « descente en soi » et d'une « sortie hors de soi-même ».
- Trouver la **vérité de son être** n'est pas chose aisée. Hadrien renonce à trouver une **unique vérité** : l'homme, « étrange amas de bien et de mal », est un être insaisissable, toujours **pétri de contradictions**. Il est « *Varius multiplex multiformis* » : « varié, complexe, changeant ».

> **Citation**
> « J'emploie ce que j'ai d'intelligence à voir de loin et de plus haut ma vie, qui devient alors la vie d'un autre. »
> (*Mémoires d'Hadrien*)

L'ESSENTIEL

Mémoires d'Hadrien, Yourcenar (1951)

- **Genre :** roman historique, mémoires fictifs
- **Mouvement :** tradition romanesque classique, humanisme moderne
- **Thème :** le récit de la vie de l'empereur Hadrien

Quiz EXPRESS

35

Avez-vous bien révisé les fiches 32 à 34 ? On vérifie !

Le récit (2)

1 *La Princesse de Clèves* de Mme de Lafayette

▶ FICHE 32

Cochez la ou les bonne(s) réponse(s).

1. Quels éléments trahissent la passion du duc de Nemours pour la princesse ?

☐ **a.** une lettre ☐ **b.** un portrait volé ☐ **c.** une bague

☐ **d.** ses couleurs pour le tournoi

2. Pourquoi la princesse refuse-t-elle, à la fin du livre, d'épouser Nemours ?

☐ **a.** parce qu'elle ne l'aime plus

☐ **b.** par devoir envers son défunt mari

☐ **c.** parce qu'il l'a trompée avec une autre femme

☐ **d.** pour préserver son repos

2 *Le Rouge et le Noir* de Stendhal

▶ FICHE 33

Cochez la ou les bonne(s) réponse(s).

1. Quels personnages apportent leur aide à Julien ?

☐ **a.** L'abbé Pirard ☐ **b.** Fouqué

☐ **c.** Mathilde de la Mole ☐ **d.** L'abbé Frilair

2. Quels sont les modèles auxquels se réfère Julien ?

☐ **a.** Harpagon ☐ **b.** Dom Juan

☐ **c.** Tartuffe ☐ **d.** Napoléon Bonaparte

3 *Mémoires d'Hadrien* de Yourcenar

▶ FICHE 34

Cochez la ou les affirmation(s) correcte(s).

☐ **a.** Acilius Attianus est le tuteur d'Hadrien.

☐ **b.** Hadrien mène la guerre contre Vercingétorix.

☐ **c.** Antinoüs meurt assassiné.

☐ **d.** La lettre qu'écrit Hadrien est adressée à son épouse.

CORRIGÉS

1 *La Princesse de Clèves* de Mme de Lafayette

1. Réponses b et d. Nemours dérobe le petit portrait de Mme de Clèves qui appartient à son mari, estimant que ce dernier a déjà la chance d'être aimé ! Lors d'un tournoi donné par le roi, Nemours opte pour les couleurs noire et jaune – le jaune étant la couleur préférée de Mme de Clèves.

2. Réponses b et d. Mme de Clèves se sent responsable de la mort de son mari, emporté par une jalousie sans remède ; elle estime lui devoir fidélité malgré sa disparition. Elle aspire également au repos, qui lui semble incompatible avec la passion amoureuse.

À noter

Pour exprimer son amour en évitant le scandale, le duc de Nemours utilise une « communication oblique », qui passe notamment par les objets.

2 *Le Rouge et le Noir* de Stendhal

1. Réponses a, b et c. L'abbé Pirard se prend d'amitié pour Julien au séminaire et le présente au marquis de la Mole, dont il deviendra secrétaire. Fouqué, l'ami de Julien, lui propose une carrière dans le commerce du bois et serait prêt à sacrifier sa fortune pour le sauver de la guillotine. Mathilde de la Mole multiplie les démarches pour qu'il ait la vie sauve – en vain.

2. Réponses b, c et d. Julien, tel Dom Juan, cherche à jouer les séducteurs auprès de diverses femmes. Son hypocrisie et son état de prêtre le rapprochent de Tartuffe, dont il connaît bien le rôle. Napoléon, enfin, est l'idole de Julien depuis son enfance ; comme lui, parti de rien, il rêvait d'une carrière militaire prestigieuse.

À noter

Sous la Restauration, Napoléon Ier enthousiasme la jeunesse, avide de se tailler elle aussi une place glorieuse dans une société qui, pourtant, ne le permet plus. Ce n'est qu'en toute fin de roman que Julien renie son modèle, au profit d'autres valeurs.

3 *Mémoires d'Hadrien* de Yourcenar

Réponse a. Acilius Attianus, tuteur d'Hadrien, joue un rôle déterminant lors de l'accès de celui-ci au pouvoir impérial. C'est César qui mena la guerre contre Vercingétorix ; Antinoüs se suicide ; la lettre est adressée au jeune Marc Aurèle.

*FLASH*CARDS

36

Mémorisez les idées clés des fiches 32 à 34

Le récit (2)

1

De quel genre de récit relève *La Princesse de Clèves* ?

▶ FICHE 32

2

Quels sont les personnages amoureux de la princesse de Clèves ?

▶ FICHE 32

3

Dans quel milieu évoluent les personnages clés du récit *La Princesse de Clèves* ?

▶ FICHE 32

4

De quel(s) genre(s) et mouvement(s) romanesque(s) *Le Rouge et le Noir* relève-t-il ?

▶ FICHE 33

5

Quelle femme meurt d'amour pour Julien Sorel ?

▶ FICHE 33

6

Pourquoi Julien Sorel est-il exécuté ?

▶ FICHE 33

7

En 1980, de quoi Marguerite Yourcenar est-elle la première femme à être élue membre ?

▶ FICHE 34

8

Qui est Plotine dans les *Mémoires d'Hadrien* ?

▶ FICHE 34

RÉPONSES

Efforcez-vous de répondre aux questions par vous-même avant de consulter les réponses, puis révisez régulièrement pour bien mémoriser.

1

La Princesse de Clèves est une nouvelle historique, un roman précieux.

2

Les **personnages amoureux** de la princesse de Clèves sont :
- M. de Clèves
- le duc de Nemours

3

Les personnages sont à **la Cour**, faite de raffinement, d'élégance mais aussi de dangers et de tentations.

4

Le Rouge et le Noir relève des **genres** du **réalisme** et du **romantisme**.
Entre le roman d'initiation, le roman d'analyse et le roman historique.

5

Mme de Rênal meurt d'amour pour Julien Sorel : elle s'éteint trois jours après son exécution.

6

Julien est **guillotiné** pour avoir tenté d'assassiner Mme de Rênal.
Selon Julien, les bourgeois se vengent, à travers lui, de tous ceux qui tentent de s'élever dans la société.

7

Marguerite Yourcenar est élue membre de l'**Académie française**.

8

Plotine est l'épouse de Trajan.

Le genre théâtral

37

☐ OK

Étymologiquement, le mot *théâtre* renvoie à l'action de regarder. Dès l'Antiquité, il est conçu comme un spectacle qui requiert des acteurs pour endosser les rôles écrits par le dramaturge.

I Le texte de théâtre

Le texte de théâtre est principalement composé des paroles des personnages effectivement prononcées sur scène (les répliques). Il comprend également les indications silencieuses (les didascalies, souvent signalées par une typographie particulière).

1 Une situation d'énonciation particulière

- On parle de double énonciation car :
  - l'auteur et le personnage qui parle sont simultanément énonciateurs ;
  - le personnage s'adresse aux autres personnages comme aux spectateurs.
- L'illusion théâtrale repose sur l'acceptation par le public de conventions dramatiques : il accepte de croire à ce qui se passe sur scène même s'il sait que tout est faux (personnages, décors, intrigue…).

2 Les différents types de répliques

Analyser le type de répliques permet notamment de caractériser les relations entre les personnages.

- Brève, la réplique prend le nom de répartie. La tirade, elle, se singularise par sa longueur et affiche souvent une dimension argumentative.
- La stichomythie institue un dialogue où les personnages se répondent vers par vers et met en valeur débats d'idées et conflits affectifs.
- Le monologue met en scène un personnage seul, délibérant avec lui-même.
- L'aparté, constitué de propos que le personnage tient pour lui-même à l'insu des autres, peut prendre la forme d'une adresse au public.

3 La structure d'une pièce

- Une pièce est traditionnellement découpée en actes ; ceux-ci sont divisés en scènes, rythmées par les entrées et sorties des personnages.

- Trois temps forts s'enchaînent en général :
  - l'exposition, qui permet de présenter l'action et ses protagonistes ;
  - le nœud, où le conflit initial, nourri de péripéties, a pris sa pleine mesure ;
  - le dénouement, au dernier acte a pour fonction de liquider le conflit.

Mot clé

Les **péripéties** désignent les épisodes de l'action. Brutales, elles prennent le nom de coups de théâtre ; si elles viennent relancer l'action, on les appelle rebondissements.

II Du texte à la représentation

Écrit par le dramaturge, le texte de théâtre est co-créé par les artistes qui permettent sa représentation sur scène.

1 La mise en scène

- Elle est l'œuvre du metteur en scène qui dirige la transformation du texte en spectacle. Cette fonction, qui n'a pas toujours existé, est aujourd'hui jugée cardinale.
- C'est la mise en scène, en effet, qui apporte à la pièce sa dimension visuelle que les didascalies du texte — si abondantes soient-elles — ne peuvent suffire à suggérer. Par ses choix, le metteur en scène nous livre sa lecture de la pièce.

2 L'incarnation des personnages

- Les comédiens sont chargés d'incarner les êtres de fiction que sont les personnages définis, dans la pièce, par leurs paroles.
- L'interprétation qu'ils donnent de leur personnage — et qui se traduit par un ton, une gestuelle, des mouvements — est essentielle dans la perception du sens de la pièce par le spectateur.

L'ESSENTIEL

Le texte de théâtre

Situation d'énonciation
- double énonciation
- illusion théâtrale

Type de répliques
répartie, tirade, stichomythie, monologue, aparté...

Structure
- actes, scènes
- exposition → nœud, péripéties → dénouement

Le théâtre au XVIIe siècle

38

☐ OK

Au milieu du XVIIe siècle, l'esthétique classique consacre la tragédie et la comédie en les ramenant aux règles strictes de la dramaturgie antique.

I Le théâtre baroque

Le théâtre baroque affirme une grande liberté et promeut des **formes nouvelles**.

- La **tragi-comédie** convie à un spectacle que ne contraint nul précepte formel : les actions nombreuses et surprenantes se soucient peu de vraisemblance, comme c'est le cas dans *Le Cid* de Corneille.
- La **pastorale** plonge le spectateur dans le monde idyllique des amours chastes.
- La **tragédie** prend le nom de « poème dramatique » en référence aux longues tirades qui s'y enchaînent.

II Le théâtre classique

1 L'esthétique classique

Une pièce classique est traditionnellement découpée en actes, interrompus par des entractes et divisés en scènes que rythment les entrées et les sorties des personnages. En cours dès 1640, l'esthétique classique repose sur différents codes et règles inspirés de la *Poétique* d'Aristote.

- La **règle des trois unités** impose :
  - l'unité de temps : l'action de la pièce doit se dérouler dans la limite de vingt-quatre heures ;
  - l'unité de lieu : l'action doit se déployer dans un lieu unique (antichambre d'un palais, salon d'une demeure…) ;
  - l'unité d'action : l'action doit se concentrer autour d'une intrigue principale à laquelle peuvent se soumettre des intrigues secondaires.
- La **bienséance** désigne un ensemble de règles qui garantissent le respect de la sensibilité esthétique et morale du public ; le sang ni la mort ne peuvent se représenter sur scène.
- La **vraisemblance** renvoie à la crédibilité de l'action : les évènements et les situations doivent paraître possibles dans la réalité.

2 La tragédie

- Aristote définit la tragédie comme imitation d'actions propres **à inspirer terreur et pitié au spectateur**. Elle se caractérise par :

• des personnages de haut rang ;

• un sujet noble, emprunté à la mythologie ou à l'Histoire ;

• un dénouement généralement malheureux ou funeste avec la mort du héros ;

• ses fonctions : plaire, émouvoir et provoquer la catharsis.

> **Mot clé**
>
> La **catharsis** désigne chez Aristote la purgation des passions. Elle prévient *l'hybris* définie comme la démesure dont se rend coupable celui qui outrepasse sa condition d'humain.

- **Corneille et Racine** sont les éminents représentants du théâtre tragique au XVIIe siècle : le premier fait incarner à ses personnages des valeurs héroïques tel Auguste dans *Cinna* ; le second s'intéresse davantage à la faiblesse humaine et aux passions rendues sensibles par la pureté du style comme dans *Phèdre*.

3 La comédie

- La comédie est l'**imitation du ridicule des hommes**. Elle se caractérise par :

• des personnages issus de la bourgeoisie ou de catégories plus modestes ;

• des sujets empruntés au quotidien ;

• un dénouement heureux qui prend souvent la forme d'un mariage ;

• ses fonctions : faire rire le spectateur pour le corriger de ses travers.

- **Molière** incarne à lui seul le théâtre comique au XVIIe siècle : sa carrière embrasse tous les genres, de la farce avec *Les Fourberies de Scapin* à la grande comédie, qui délaisse la franche gaieté pour une peinture plus complexe et fine de la société de son temps, comme c'est le cas dans *Le Misanthrope*.

L'ESSENTIEL

Le théâtre baroque →
- tragi-comédie
- pastorale
- tragédie

Le théâtre classique →
- tragédie (Corneille, Racine)
- comédie (Molière)

Le théâtre aux XVIIIe et XIXe siècles

39

☐ OK

Pour dépasser l'opposition entre la tragédie et la comédie, les dramaturges ont, dès le XVIIIe siècle, inventé un troisième genre, celui du drame. Il devient, au début du XIXe siècle, l'une des expressions de la révolution romantique.

I Le siècle des Lumières : un théâtre en transition

1 Entre permanence...

- Au XVIIIe siècle, le théâtre s'écrit en référence au classicisme : la tragédie reste l'étalon. Cependant, les auteurs comme Voltaire adaptent ce genre ancien aux combats philosophiques de leur temps.
- La comédie, de son côté, creuse le sillon dessiné par Molière : Marivaux, dans *La Double inconstance*, reprend le personnage du valet rusé et s'inspire de la *commedia dell'arte* pour affiner le comique moliéresque.

Mot clé

La ***commedia dell'arte*** désigne un genre de théâtre comique né en Italie au XVIe siècle, où des acteurs improvisent, masqués, à partir de canevas déterminés et de rôles définis.

2 ... et renouveau

- Face à la lassitude des spectateurs, un nouveau modèle dramatique apparaît, sous l'impulsion de Beaumarchais avec *Le Mariage de Figaro* et de Diderot dans *Le Fils naturel*, qui prend le nom de « comédie sérieuse » ou « drame bourgeois ».
- Dans ce type de pièce, les personnages sont contemporains du public et se définissent avant tout par le statut qu'ils occupent à la fois dans la société et au sein de la famille.
- S'éloignant des intrigues historiques et politiques des tragédies, le théâtre entre dans l'intimité familiale et plante ses décors dans des intérieurs bourgeois.
- Le registre verse dans le pathétique : l'auteur cherche à susciter la compassion et à enseigner la vertu au spectateur.

Mot clé

Pièce en prose, le **drame bourgeois** se donne comme un intermédiaire entre la comédie et la tragédie. Elle donne le primat au vrai sur le vraisemblable et vise à instruire le spectateur en suscitant son émotion.

II Le XIXe siècle : révolutions théâtrales

1 Le drame romantique

Le drame romantique remet en question la définition stricte des genres issue du classicisme. En 1830, *Hernani* de Victor Hugo, donne ainsi lieu à une véritable bataille entre les partisans du théâtre classique et ceux du théâtre romantique.

Le drame romantique se caractérise par :

- sa **liberté de création** qui s'affranchit des règles de temps et de lieu ;
- sa volonté de **mélanger les genres** et les registres en proposant une alliance de « grotesque » et de « sublime », en miroir de la vie humaine ;
- son souci d'**ancrer la scène dans la temporalité historique** en évoquant des détails caractéristiques d'une « couleur locale » ;
- le choix de **héros passionnés**, persévérants en dépit de la fatalité.

2 L'après-romantisme

À la fin du XIXe siècle, le drame symboliste se distingue de ceux, bourgeois ou romantique, qui l'ont précédé : il se fonde sur une certaine **indétermination temporelle**, privilégie les **atmosphères mystérieuses** et se rapproche, par son art de la suggestion, de la poésie.

Sur la même période, un **théâtre « de boulevard »** voit le jour sous la plume de **Labiche et Feydeau** : des comédies satiriques, anciennement appelées vaudevilles, mêlent quiproquos bouffons, situations grivoises et parfois chansons pour le seul plaisir des spectateurs.

L'**avant-garde provocatrice** incarnée par **Alfred Jarry** et son *Ubu Roi* (1896) renverse les codes du théâtre, préfigurant les grands bouleversements du XXe siècle. *Ubu Roi* raconte en effet, sur un mode outrancier, les tribulations d'un dictateur grotesque qui impose à ses sujets un régime qui s'apparente aux totalitarismes à venir.

L'ESSENTIEL

XVIIIe siècle	**Un théâtre en transition** ▸ tragédie et comédie ▸ drame bourgeois
XIXe siècle	**Des révolutions théâtrales** ▸ drame romantique ▸ théâtre de boulevard, avant-garde

Le théâtre aux XXe et XXIe siècles 40

☐ OK

En tournant le dos à la tradition, la dramaturgie contemporaine s'interroge sur son propre fonctionnement et s'attache à rendre compte des désordres de l'Histoire.

I | Le théâtre à l'épreuve des deux Guerres mondiales

1 La réécriture des mythes antiques

Les **mythes antiques** sont **revisités** par les dramaturges à la lumière des épisodes marquants du siècle : Cocteau avec *La Machine infernale* (1934), Giraudoux avec *Electre* (1937) et Anouilh avec *Antigone* (1944) livrent, sur un mode humoristique et anachronique, une **méditation sur la condition humaine.**

2 Les dramaturges engagés

- Philosophe existentialiste, **Jean-Paul Sartre** incarne dans ses pièces les concepts clés de sa pensée : le rapport à l'Autre et la **responsabilité de chacun** vis-à-vis de ses propres actes se trouvent littéralement dramatisés dans *Huis clos* (1944), par exemple.
- Fondateur de la philosophie de l'Absurde, qui procède du sentiment d'une existence injustifiée, **Albert Camus** réfléchit par la voix de ses personnages au drame de l'individu et leur fait jouer la **révolte**, seule issue à l'épreuve du non-sens, comme dans *Les Justes* (1949).

3 Le théâtre de l'Absurde

- À partir des années 1950, le sentiment de l'Absurde gagne non seulement les thèmes du théâtre mais également ses formes. Entérinant une crise majeure des valeurs issues du rationalisme et de l'humanisme, le Nouveau Théâtre met en scène le problème de **l'incommunicabilité** entre les êtres et de la cruauté des rapports humains.
- L'action se réduit alors à la seule expression, soutenue par la **mise en scène**. Dans *Pour un oui ou pour un non* de N. Sarraute, l'action se nourrit de tout ce que ne dit pas le dialogue, de tous les sous-entendus de la parole, de toutes les tensions cachées sous les mots.

> **À noter**
> L'expression « **Nouveau Théâtre** » est une référence au mouvement du Nouveau Roman qui proposait de renouveler les codes de l'écriture romanesque en rupture avec le réalisme. ▶ FICHE 28

- Le **langage des corps** se substitue souvent à la parole, qui apparaît comme vaine. Ainsi, dans *Rhinocéros* de Ionesco, la transformation progressive des personnages en pachydermes manifeste l'échec du discours rationnel.

- Le décor, les objets, l'inscription physique des comédiens dans l'espace, et plus largement la **scénographie**, prennent une place décisive en raison même de la mise en question de la parole et du sens. Chez Beckett, les didascalies prescrivent les moindres gestes, déplacements, mimiques, qui pourraient s'apparenter à des notes de mise en scène.

II Le théâtre au XXIe siècle

- Au XXIe siècle, le théâtre poursuit ses **réflexions métaphysiques sur le langage et les rapports humains** avec B.-M. Koltès (*La Solitude dans les champs de coton*) et J.-L. Lagarce (*Juste la fin du monde*) entre autres, et affirme sa dimension spectaculaire dans la création des pièces comme en témoignent les mises en scène que W. Mouawad a données de son œuvre (*Incendies*).

- Échappant aux dramaturges, **le théâtre devient l'affaire des metteurs en** scène qui puisent dans le répertoire légué par les siècles passés et le revisitent : Ariane Mnouchkine et sa troupe proposent ainsi depuis plus de quarante ans une nouvelle forme de création dramatique au Théâtre du Soleil, inspirée des formes antiques et nourrie d'influences étrangères.

L'ESSENTIEL

Le théâtre à l'épreuve des deux guerres mondiales →

Réécriture et engagement
- réécriture des mythes antiques (Cocteau, Giraudoux, Anouilh)
- dramaturges engagés (Sartre,Camus)
- théâtre de l'Absurde (Sarraute, Ionesco, Beckett)

Le théâtre au XXIe siècle →

Une scénographie renouvelée
- poursuite des réflexions métaphysiques (Koltès, Lagarce)
- dimension spectaculaire (Mouawad)
- nouvelles formes de création (Théâtre du Soleil)

Analyser un extrait de théâtre

41

☐ OK

Après une première lecture, quelles sont les questions à se poser pour mieux comprendre une scène de théâtre et dégager des axes d'analyse ?

I Caractériser l'extrait

1 Quelle est la fonction de la scène ?

- Appuyez-vous sur le paratexte ou les didascalies pour **situer le passage dans l'économie générale de la pièce** : se trouve-t-on dans l'exposition ? au cœur de l'intrigue ? au dénouement ?
- Identifiez **l'enjeu de la scène sur le plan dramatique** : est-elle collective ? Fait-elle avancer l'action ? Apporte-t-elle un éclairage psychologique nouveau sur un personnage ? Est-elle le lieu d'un affrontement, d'une méprise ?
- S'il s'agit d'un **monologue**, déterminez **sa fonction** : informatif ou lyrique, il marque une pause dans l'action ; délibératif, il crée une tension dramatique.

> **Mot clé**
> **L'économie** d'une œuvre désigne sa structure et l'organisation interne de ses parties.

2 Quelle est la forme de la scène ?

- Le texte est-il en vers ou en prose ? Combien de personnages parlent ? Quel est le type de répliques utilisé ?
- Dans le cas d'un dialogue, pensez à analyser :
  - son organisation (répartition de la parole) ;
  - son contenu (conflit, débat, déclaration amoureuse…) ;
  - **l'enchaînement des répliques** (rapide, laborieux, fluide, illogique)…

II Analyser la scène selon son genre

1 S'il s'agit d'une scène de tragédie

- Thèmes récurrents :
  - **la fatalité**, force supérieure face à laquelle le héros ne peut rien ;
  - **les passions et leurs conséquences destructrices** qui anéantissent la volonté humaine et se traduisent pas une souffrance tant morale que physique.

- Visée : inspirer de la crainte et de la pitié au spectateur ; susciter de la compassion pour le sort des personnages (tonalité pathétique).

2 S'il s'agit d'une scène de comédie

- Éléments récurrents :
  - situations du quotidien (tromperie, fâcherie, travestissement, mariage...) ;
  - personnages-types : ingénue, servante rusée, valet entremetteur, vieux barbon...
- Ressorts comiques : comique de situation, de caractère, de gestes, de mots.
- Visée : faire rire, tourner en dérision les défauts des personnages ou les vices de la société pour amener le public à les désapprouver et à se corriger.

3 S'il s'agit d'une scène du théâtre de l'Absurde

- Thèmes récurrents :
  - l'absence de progression de l'action : absence d'exposition, de nœud et de dénouement, impression d'éternelle répétition ;
  - la contestation de la notion de personnage : protagonistes sans consistance, interchangeables et parfois anonymes, dénués de psychologie cohérente.
- Visée : donner à réfléchir et susciter la pitié du spectateur devant l'impossible communication et la déchéance humaine.

III Étudier les personnages

- Prenez appui sur les didascalies pour déterminer la posture des personnages : costumes, gestuelles, mimiques, tons...
- Interrogez-vous sur le rôle des personnages dans l'action : quelle place occupent-ils dans l'intrigue ? Sont-ils adjuvants ou opposants ?
- Étudiez leur parole : que révèle-t-elle de leur personnalité ? de leur groupe social ? Dans quelle mesure véhicule-t-elle la pensée du dramaturge ?

IV Imaginer la mise en scène

- Appuyez-vous sur les indications scéniques. Déduisez du dialogue théâtral les gestes et les déplacements des personnages, leur manière d'être et de parler, leur attitude par rapport aux autres, leur caractère.
- Anticipez les réactions du public (le metteur en scène peut s'y conformer ou, au contraire, les déjouer).

Quiz EXPRESS

42

Avez-vous bien révisé les fiches 37 à 41 ? On vérifie !

Le théâtre (1)

1 Le théâtre au XVIIe siècle

▶ FICHE 38

Cochez la ou les bonne(s) réponse(s).

1. Une tragédie classique est...

☐ a. une pièce qui se finit mal.

☐ b. une pièce qui met en scène des personnages de haut rang.

☐ c. une pièce qui respecte les préceptes théorisés par Aristote.

2. Une comédie classique est...

☐ a. une pièce qui met en scène des personnages de basse condition.

☐ b. un spectacle de pur divertissement.

☐ c. une pièce qui châtie les mœurs par le rire.

2 Le théâtre aux XVIIIe et XIXe siècles

▶ FICHE 39

Au nom de quel principe le drame romantique voit-il le jour ?

☐ a. Le réalisme : il s'agit de rapprocher le théâtre des préoccupations des spectateurs.

☐ b. La dualité de l'homme : la pièce doit dévoiler sa dimension à la fois grotesque et sublime.

☐ c. Le refus de l'héritage classique : le cortège des règles briderait la liberté du dramaturge.

3 Le théâtre aux XXe et XXIe siècles

▶ FICHE 40

Sous l'appellation « Nouveau Théâtre », on regroupe :

☐ a. des dramaturges qui se sont collectivement élevés contre les traditions dramatiques.

☐ b. des auteurs favorables à un théâtre engagé.

☐ c. des pièces mettant en scène le drame de l'incommunicabilité.

CORRIGÉS

1 Le théâtre au XVIIe siècle

1. Réponses a, b et c.
Une tragédie classique respecte les règles issues de la *Poétique* d'Aristote ; elle met en scène des personnages nobles ou mythologiques qui se heurtent à la fatalité.

À noter
Héritées de l'Antiquité, les **règles** qui s'appliquent au **théâtre de l'âge classique** touchent aux trois unités, à la vraisemblance et à la bienséance.

2. Réponse c.
La comédie classique reprend à son compte la règle énoncée par le poète latin Horace *Castigat ridendo mores* (châtier les mœurs par le rire c'est-à-dire corriger les mauvaises habitudes en faisant rire à leur dépens).

2 Le théâtre aux XVIIIe et XIXe siècles

Réponses a, b et c.
La préface de *Cromwell* de V. Hugo énonce les grands principes du drame romantique : réalisme des conditions et des personnages mis en scène, liberté du dramaturge.

À noter
Créé en 1827, la **préface de *Cromwell*** fait figure de véritable manifeste de la dramaturgie romantique.

3 Le théâtre aux XXe et XXIe siècles

Réponse c.
Le « Nouveau Théâtre » fait de l'impossibilité même du dialogue entre les protagonistes la matière de ses drames.

*FLASH*CARDS

Mémorisez les idées clés des fiches 37 à 41

43

Le théâtre (1)

1

Quels sont les différents types de répliques ?

▶ FICHE 37

2

Quels sont les enjeux d'un monologue ?

▶ FICHE 37

3

Quelles sont les fonctions de la scène d'exposition ?

▶ FICHE 37

4

Qu'est-ce qu'un aparté ?

▶ FICHE 37

5

Quelles sont les trois caractéristiques du théâtre classique ?

▶ FICHE 38

6

Citez trois œuvres du XVIIe siècle de trois dramaturges différents.

▶ FICHE 38

7

Qu'est-ce que la bataille d'*Hernani* ?

▶ FICHE 39

8

Quelles sont les caractéristiques du théâtre de l'Absurde ?

▶ FICHE 40

RÉPONSES

Efforcez-vous de répondre aux questions par vous-même avant de consulter les réponses, puis révisez régulièrement pour bien mémoriser.

1

Les **différents types de réplique** sont :

- la répartie
- la tirade
- la stichomythie
- le monologue
- l'aparté

2

Les **enjeux du monologue** sont :

- marquer une pause dans l'action (informatif ou lyrique)
- créer une tension (délibératif)

3

La **scène d'exposition** permet de présenter l'action et ses protagonistes.

4

Aparté : réplique dans laquelle un personnage se parle à lui-même, à l'insu des autres personnages.

5

Les **caractéristiques du théâtre classique** sont :

1. la règle des trois unités (de temps, de lieu et d'action)
2. le respect de la bienséance
3. la règle de vraisemblance

6

Œuvres du XVIIe siècle :

1. *Le Cid,* Corneille
2. *Phèdre*, Racine
3. *Les Fourberies de Scapin,* Molière

7

En 1830, la première représentation d'***Hernani*** de Victor Hugo donne lieu à une **bataille** entre les partisans du théâtre romantique, menés par Théophile Gautier en gilet rouge, et les partisans du théâtre classique.

8

Les **caractéristiques du théâtre de l'Absurde** :

- il met en scène la cruauté des rapports humains et l'incommunicabilité
- le langage corporel se substitue à la parole

Racine, *Phèdre*

Parcours : Passion et tragédie

44

☐ OK

Au XVIIe siècle, âge d'or du théâtre classique, la tragédie est considérée comme le genre le plus noble. La passion, force irrésistible et destructrice, sème le trouble dans le cœur de personnages comme Phèdre, héroïne tragique par excellence.

Mot clé

Le **classicisme** est un mouvement littéraire de la seconde moitié du XVIIe siècle ; il recherche l'émotion et l'instruction morale du spectateur.

I Connaître l'œuvre

1 L'auteur et le contexte

- Racine est l'un des trois grands dramaturges classiques du XVIIe siècle. Son théâtre reçoit très vite les faveurs du public et de Louis XIV.
- À partir des années 1660, Racine écrit onze tragédies aux sujets puisés dans l'Antiquité, comme *Andromaque*, *Britannicus* ou *Bérénice*. *Phèdre*, inspirée de la mythologie grecque, est jouée pour la première fois en 1677.

2 Résumé de l'œuvre

- Le roi Thésée a disparu. Phèdre, son épouse, a conçu une passion incontrôlable pour son beau-fils Hippolyte : la culpabilité la ronge.
- La nouvelle de la mort de Thésée provoque un double aveu : Phèdre, encouragée par Œnone, déclare sa flamme à Hippolyte ; lui-même, sidéré, vient de confier son amour à Aricie, qui l'aime en retour.
- Coup de théâtre : Thésée, finalement vivant, est de retour. Phèdre accuse faussement Hippolyte d'avoir profité de l'absence de son père pour lui faire des avances outrageantes ; le jeune homme clame en vain son innocence. Furieux, Thésée demande au dieu Neptune de le venger : Hippolyte connaît ainsi une mort sanglante. Ce n'est qu'après avoir avalé un poison mortel que Phèdre se résout à avouer à Thésée sa passion coupable.

II Comprendre le parcours

1 La passion, source de conflits tragiques

- Racine place les passions humaines au cœur de ses tragédies. Dans *Britannicus*, l'ambition et la haine provoquent le drame ; la jalousie, l'amour contrarié et l'affection maternelle animent les personnages d'*Andromaque*.

- L'amour est **frappé d'interdit** : Phèdre, maudite par la déesse Vénus et au mépris de la fidélité conjugale, aime son beau-fils d'une **passion incestueuse** et criminelle. Dans *Bérénice,* l'amour de Titus pour une reine lui est proscrit par son **pouvoir impérial**.

- La tragédie peut naître du **dilemme** opposant deux désirs incompatibles : ainsi de Rodrigue dans *Le Cid* de Corneille, qui ne peut conjuguer son **amour** pour Chimène avec le **devoir** de venger son père en tuant celui de sa bien-aimée.

2 La fatalité de la passion

- Racine réactive volontiers le **sens étymologique** du mot « passion » : en latin, il est associé à la **souffrance** endurée par l'individu qui la **subit**.

> PHÈDRE. – Je le vis, je rougis, je pâlis à sa vue ;
> Un trouble s'éleva dans mon âme éperdue.
> Mes yeux ne voyaient plus, je ne pouvais parler ;
> Je sentis tout mon corps et transir et brûler [...]
>
> Racine, *Phèdre*, acte I, scène 3

Phèdre décrit à Œnone son coup de foudre pour Hippolyte. La passion amoureuse frappe brutalement et engendre la douleur.

- La passion conduit souvent au pire : dans *Andromaque*, Hermione **se suicide** tandis qu'Oreste sombre dans la **folie**.

- Ces personnages fascinent le spectateur : ni coupables, ni innocents, ils suscitent à la fois **la terreur et la pitié**, indispensables à la **catharsis**. Victimes de la **fatalité tragique**, ils n'ont aucune prise sur leurs sentiments.

L'ESSENTIEL

Phèdre, Racine (1677)

- **Genre :** tragédie
- **Mouvement :** classicisme
- **Thème :** l'amour coupable de Phèdre pour son beau-fils, Hippolyte
- **Tonalités :** tragique, pathétique

Beaumarchais, *Le Mariage de Figaro*

Parcours : La comédie du valet

45

☐ OK

Dans cette pièce, l'astucieux Figaro met en œuvre tout son esprit pour épouser la femme qu'il aime. Sa fantaisie étourdissante, son adresse admirable et sa verve dénonciatrice en ont fait un valet emblématique de la comédie française.

I Connaître l'œuvre

1 L'auteur et le contexte

- Pierre-Augustin Caron de Beaumarchais (1732-1799) est d'abord horloger à la cour de Louis XV. Sa vie rocambolesque l'amène à devenir homme d'affaires enferré dans diverses intrigues, puis agent secret au service de la couronne.

- Beaumarchais entreprend en parallèle une carrière de dramaturge. *Le Barbier de Séville* triomphe en 1775 à la Comédie-Française. Il en achève la suite en 1778 : intitulée *Le Mariage de Figaro*, la pièce est censurée jusqu'en 1784 en raison de la charge qu'elle porte contre les privilèges de l'aristocratie.

Citation

En 1789, quelques mois après la prise de la Bastille, le révolutionnaire Danton se serait exclamé : « *Figaro* a tué la noblesse ! »

2 Résumé de l'œuvre

- Dans *Le Barbier de Séville*, le rusé Figaro, ancien valet du Comte Almaviva, a aidé son maître à séduire puis épouser la belle Rosine. Trois ans plus tard, Figaro est sur le point de se marier avec Suzanne, la femme de chambre de Rosine, devenue Comtesse. Mais Figaro apprend que l'infidèle Comte courtise en secret sa promise.

- De nombreux rebondissements et quiproquos s'enchaînent tandis que Figaro essaie d'enrayer les plans de son maître. À l'acte III, il parvient par exemple à éviter le mariage que le Comte souhaitait lui imposer avec Marceline.

- Finalement, la Comtesse et Suzanne intervertissent leurs habits pour piéger le Comte : Suzanne lui donne un rendez-vous le soir au jardin, mais c'est son épouse déguisée qui s'y rend afin de le démasquer. Le dénouement est heureux : la Comtesse retrouve son mari, Figaro épouse Suzanne, et « tout finit par des chansons ».

II Comprendre le parcours

1 Le valet aux sources du comique

- Née en Italie au XVIe siècle, la *commedia dell'arte* popularise en France le type farcesque du valet, à l'image d'Arlequin. L'intrigue de ces pièces, souvent simple, s'enrichit au cours de la représentation par l'**improvisation collective**.

- Au XVIIe siècle, chez **Molière**, le valet devient comique à travers **sa ruse inventive**, comme dans *Les Fourberies de Scapin*, où il sert d'adjuvant aux jeunes amoureux face à leurs pères. Il peut **condamner en vain** les excès libertins de son maître : c'est le cas de Sganarelle dans *Dom Juan*.

> **À noter**
>
> Les **servantes** ne sont pas en reste : dans *Le Tartuffe*, Dorine met au jour l'hypocrisie du faux dévot ; Toinette critique les caprices d'Argan dans *Le Malade imaginaire*.

2 Le renouveau de la comédie du valet

- Au XVIIIe siècle, les **valets** gagnent en épaisseur dans la comédie. Chez **Marivaux** ils prennent la place de leurs maîtres (*Le Jeu de l'amour et du hasard*) et on s'interroge sur leur **condition sociale** (*L'Île des esclaves*).

- **Beaumarchais** fait de Figaro un homme qui a tout vu, qui a vécu mille vies en une, et notamment celle d'un **dramaturge confronté à la censure**. D'abord habile complice du Comte, il devient son opposant en se faisant le porte-parole d'une **satire sociale et politique**.

> FIGARO. – Qu'avez-vous fait pour tant de biens ? vous vous êtes donné la peine de naître, et rien de plus [...]
>
> *Le Mariage de Figaro*, acte V, scène 3

L'ESSENTIEL

Le Mariage de Figaro, Baumarchais (1784)

- **Genre :** comédie sociale
- **Mouvement :** les Lumières
- **Thèmes :** les stratagèmes de Figaro pour épouser Suzanne
- **Tonalités :** satirique, comique

Beckett, *Oh les beaux jours*

Parcours : Un théâtre de la condition humaine

46

☐ OK

À l'issue de la Seconde Guerre mondiale, la dramaturgie est renouvelée par le « théâtre de l'absurde », dont Beckett est l'un des principaux représentants.

I Connaître l'œuvre

1 L'auteur et le contexte

- Le dramaturge Samuel Beckett, d'origine irlandaise, bouleverse le théâtre d'après-guerre : il crée le choc avec *En attendant Godot* (1953) puis *Fin de partie* (1957). *Oh les beaux jours* est jouée en France pour la première fois en 1963.
- Il s'impose comme auteur d'avant-garde et contribue au renouvellement de l'écriture théâtrale. L'attente, la déchéance, la mort et le silence hantent une œuvre centrée sur l'absurdité tragique de l'existence.

> **À noter**
> Le **théâtre de l'absurde** s'affranchit des codes traditionnels du théâtre : le temps, l'espace, les personnages, la parole y sont déstructurés.

2 Résumé de l'œuvre

- Acte I. Winnie est enlisée jusqu'à la taille dans un paysage désertique. Son mari Willie, impotent, ne lui accorde guère d'attention : Winnie soliloque, tue le temps en manipulant des objets sortis de son sac, se remémorant difficilement des bribes de son passé et se réjouissant malgré tout d'un rien.
- Acte II. Désormais enterrée jusqu'au cou, Winnie répète sans cesse les mêmes gestes et formules vide. Elle semble n'avoir aucune perspective, sinon la disparition. Willie tente en vain de se hisser jusqu'à Winnie, qui chante malgré son échec. Le couple se regarde silencieusement au tomber du rideau.

II Comprendre le parcours

1 Le spectacle de la solitude

- Winnie et Willie forment un couple asymétrique. Winnie, terrifiée par la solitude, se réjouit de la moindre attention d'un mari distant, aux interventions grotesques. La pièce tourne au soliloque : Winnie, face au public, ressasse, se prolonge par le langage : dire, c'est encore exister.

● La communication est un **échec** : l'écriture théâtrale, menacée par le silence, trouée de didascalies, révèle la **vacuité du langage** et la **pauvreté des liens** – indispensables – entre les êtres. Dans *Huis clos*, Sartre souligne l'importance du regard d'autrui pour exister : « L'enfer, c'est les autres. »

● Malgré tout, « la gravité n'est plus ce qu'elle était » (Winnie). Le théâtre de l'absurde mélange le tragique et la dérision. **Le comique devient inquiétant** et ne fait paradoxalement que renforcer le vertige existentiel : Winnie s'enfonce en chantant.

Citation

« Rien n'est plus drôle que le malheur. »
(Nell, dans *Fin de partie* de Beckett)

2 Le corps au cœur du tragique

● Contrairement aux pièces du théâtre classique soumises à la bienséance, **le corps** occupe le premier plan dans le théâtre de Beckett. La **prolifération des didascalies** confirme son importance primordiale. La scénographie souligne la précarité de l'existence.

● Beckett donne à voir une **humanité végétative**, physiquement diminuée, engluée dans l'espace qui l'avale et l'écrase. La pièce souligne **l'œuvre destructrice du temps**. Dans *Fin de partie,* Hamm est un aveugle paralysé dont les parents vivent dans des poubelles. Dans *En attendant Godot*, l'attente même est vaine : Godot ne viendra jamais.

● L'existence des personnages se réduit à une **gesticulation grotesque**, à la manipulation rituelle d'**objets dérisoires** qui révèlent le vide du quotidien : une brosse à dents, une ombrelle, un revolver, une loupe… Dans *Les Chaises* d'Eugène Ionesco, l'espace scénique crée l'angoisse : il est progressivement envahi par des chaises inoccupées.

● Le corps devient le révélateur de la **misère de la condition humaine**. Très statique, la pièce figure la lutte futile de l'homme qui s'achemine vers la **déchéance.**

L'ESSENTIEL

Oh les beaux jours, Beckett (1963)

- **Mouvement :** théâtre de l'Absurde
- **Thème :** le quotidien morne et décalé de Winnie et de Willie
- **Tonalités :** comique grinçant, tragique renouvelé

Quiz *EXPRESS*

47

Avez-vous bien révisé les fiches 44 à 46 ? On vérifie !

Le théâtre (2)

1 *Phèdre* de Racine

▶ FICHE 44

1. Dans la pièce, quels personnages meurent ?

☐ **a.** Thésée ☐ **b.** Phèdre ☐ **c.** Œnone

☐ **d.** Aricie ☐ **e.** Hippolyte

2. Cochez les affirmations correctes.

☐ **a.** Phèdre suscite à la fois du dégoût et de la pitié.

☐ **b.** La pièce se déroule dans la ville de Rome.

☐ **c.** Phèdre se suicide sur scène.

2 *Le Mariage de Figaro* de Beaumarchais

▶ FICHE 45

1. Pourquoi la pièce a-t-elle été censurée ?

☐ **a.** parce qu'elle n'était pas écrite en vers

☐ **b.** parce qu'elle ne respectait pas l'unité de temps

☐ **c.** à cause de ses attaques contre l'aristocratie

2. Que font Suzanne et la Comtesse à la fin de la pièce ?

☐ **a.** Elles demandent à Figaro de provoquer le Comte en duel.

☐ **b.** Elles s'enfuient du château.

☐ **c.** Elles s'échangent leurs vêtements.

3 *Oh les beaux jours* de Beckett

▶ FICHE 46

1. Que répète sans cesse Winnie ?

☐ **a.** « Oh le beau jour… »

☐ **b.** « Et maintenant ? »

☐ **c.** « Qu'est-ce que j'ai fait pour mériter ça ? »

☐ **d.** « Ça que je trouve si merveilleux. »

2. Winnie a besoin de Willie :

☐ **a.** pour se sentir exister. ☐ **b.** pour qu'il la nourrisse.

☐ **c.** parce qu'elle l'aime.

CORRIGÉS

1 *Phèdre* de Racine

1. Réponses b, c et e.
Phèdre s'empoisonne et révèle toute la vérité à Thésée ; Œnone se suicide après les reproches de Phèdre ; Hippolyte meurt traîné par ses chevaux lors du combat contre le monstre.

2. Réponses a et c.
Phèdre suscite de la pitié car elle ne maîtrise pas ses sentiments et se hait elle-même. Elle provoque également du dégoût pour ses sentiments incestueux et ses calomnies qui entraînent la mort d'Hippolyte. Elle se voit elle-même comme un « monstre ».

2 *Le Mariage de Figaro* de Beaumarchais

1. Réponse c.
Figaro remet en cause les privilèges indus de l'aristocratie ainsi que la tyrannie abusive des maîtres sur leurs valets.

2. Réponse c.
La Comtesse se fait passer pour Suzanne auprès du Comte, ce qui lui permet de surprendre son mari volage.

3 *Oh les beaux jours* de Beckett

1. Réponses a, b et d.
Malgré sa situation terrible, Winnie se réjouit souvent d'un rien, du jour présent, des choses « merveilleuses ».

2. Réponses a et c.
Winnie et Willie forment un couple asymétrique. Winnie se raccroche sans cesse à la présence de Willie : elle se réjouit du moindre mot et du moindre geste de sa part.

Le théâtre (2)

1

À quel mouvement théâtral l'œuvre de Racine appartient-elle ?

FICHE 44

2

Quel dieu s'acharne sur Phèdre ?

FICHE 44

3

Qu'est-ce qui pousse Phèdre à avouer son amour à Hippolyte ?

FICHE 44

4

Qui Figaro doit-il épouser au début du *Mariage de Figaro* ?

FICHE 45

5

Avec qui le Comte soupçonne-t-il sa femme de le tromper ?

FICHE 45

6

Dans quelles pièces de Marivaux les valets prennent-ils la place de leurs maîtres ?

FICHE 45

7

Citez trois thèmes présents dans l'œuvre de Beckett.

FICHE 46

8

Quels objets préoccupent Winnie dans *Oh les beaux jours* ?

FICHE 46

RÉPONSES

Efforcez-vous de répondre aux questions par vous-même avant de consulter les réponses, puis révisez régulièrement pour bien mémoriser.

1

L'œuvre de Racine appartient au **mouvement** du théâtre classique.

2

Vénus s'acharne sur Phèdre : elle serait responsable de sa perte en la rendant amoureuse d'Hippolyte. La mère de Phèdre et sa sœur, Ariane, en ont aussi été victimes.

3

Phèdre croit Thésée mort ; Œnone l'encourage alors à avouer son amour.

4

Figaro doit épouser **Suzanne**.

5

Le **Comte soupçonne sa femme** de le tromper avec le page Chérubin.

6

- *Le Jeu de l'amour et du hasard*
- *L'Île des esclaves*

7

Quelques **thèmes** récurrents chez Beckett :
- l'incommunicabilité
- la solitude
- l'absurdité de l'existence
- l'attente
- la déchéance...

8

Winnie s'intéresse beaucoup à sa **brosse à dents**, qui porte une inscription difficile à lire. Brownie, son **revolver**, incarne la possibilité, voire la tentation d'en finir.

Rédiger un commentaire de texte

49

☐ OK

Le commentaire littéraire consiste à proposer une interprétation d'un texte de manière argumentée. Le texte proposé au bac relève de l'un des objets d'étude abordés pendant l'année, mais n'appartient pas à une œuvre au programme.

I Lire et comprendre le texte

- Lisez une première fois le **texte**, sans oublier le **paratexte** et les **notes** : cela vous permet d'établir la « carte d'identité » du texte.

- Notez vos **impressions de lecture** : qu'avez-vous compris ? quel effet le texte produit-il sur vous ?
- Relisez plusieurs fois le texte en l'annotant : identifiez sa **structure** et repérez les **procédés littéraires** qui vous semblent signifiants. Notez toutes vos remarques en vrac au brouillon.

II Organiser ses idées

- Essayez de résumer la spécificité du texte en une phrase afin de trouver votre **problématique** : quel est l'enjeu principal du texte ? Qu'est-ce qui le rend intéressant, selon vous ?
- Identifiez ensuite **deux ou trois** pistes de réponse (ou axes de lecture) qui structureront votre analyse. Attention, un procédé littéraire ne constitue pas un axe de lecture !

  | ✓I. Une description réaliste

[Ce titre de partie constitue bien une piste d'interprétation du texte : vous allez montrer qu'il s'agit d'une description réaliste.]

À noter

Dans les séries technologiques, le sujet comporte un **parcours de lecture**, qui vous donne les deux grandes parties de votre commentaire.

| ✗ I. Le champ lexical de la nature

[Il s'agit ici d'un simple procédé littéraire, qui n'a d'intérêt qu'au sein d'une analyse.]

- Classez les éléments relevés de manière à constituer des parties et des sous-parties équilibrées. Votre plan doit aller **du plus simple au plus complexe**.
- Chaque sous-partie doit comporter :

une **idée clé** → justifiée par → des **procédés littéraires** → illustrés par → des **citations du texte**

III Rédiger le commentaire

- Rédigez d'abord votre **introduction** au brouillon. Elle doit comporter :
  - une phrase d'amorce ;
  - une courte présentation du texte (utilisez la carte d'identité élaborée) ;
  - votre problématique, de préférence sous forme de question ;
  - l'annonce de votre plan.
- Rédigez ensuite votre **développement** en suivant le plan établi au brouillon. Retenez que :

un paragraphe = une sous-partie

Ménagez des transitions entre vos grandes parties.

- Rédigez enfin une **conclusion** qui synthétise votre démonstration et répond à la problématique. Vous pouvez terminer en ouvrant sur d'autres textes partageant les mêmes enjeux, mais évitez les ouvertures artificielles.

Conseil

Gardez au moins 10 min. pour vous relire : la qualité de la langue fait partie des critères d'évaluation !

L'ESSENTIEL

Bien gérer son temps le jour J

❶ Je choisis mon sujet	15 minutes
❷ Je travaille au brouillon (lecture et analyse du texte, élaboration de la problématique et du plan détaillé)	2 heures
❸ Je rédige mon devoir au propre	1 heure 30
❹ Je me relis attentivement	15 minutes

Rédiger une dissertation sur une œuvre

50

☐ OK

Le jour du bac, vous avez le choix entre trois sujets de dissertation sur un même objet d'étude, selon l'œuvre et le parcours que vous avez étudiés en classe. Vous devez montrer que vous en avez compris les principaux enjeux.

I | Analyser le sujet et trouver des idées

- Le sujet se présente le plus souvent soit sous la forme d'une **question**, soit sous la forme d'une **citation** suivie d'une question. Une phrase de consigne délimite ensuite le champ de votre réflexion (l'œuvre seule ou l'ensemble des textes pouvant s'inscrire dans le parcours concerné).
- Lisez attentivement le sujet et identifiez les **mots clés**. Reformulez la citation et/ou la question de différentes manières pour vous **l'approprier** et en dégager les éventuels présupposés.
- Notez en vrac **toutes les idées et les questions** qui vous viennent à l'esprit : à ce stade, il n'y a pas de mauvaise idée.

Mot clé

Un **présupposé** est un énoncé dont la validité est admise (souvent implicitement) dans le sujet : « Dans quelle mesure cette œuvre est-elle réaliste ? » présuppose que l'œuvre est réaliste par certains aspects.

- Listez au brouillon les œuvres et les textes que vous avez lus dans le cadre du parcours concerné : ils pourront vous fournir de précieux exemples. Quel éclairage apportent-ils sur le sujet ?

II | Construire le plan

- La formulation du sujet peut vous indiquer le type de plan à privilégier.
  - Si le sujet vous invite à **discuter** une affirmation, choisissez un **plan dialectique** : vous devez d'abord expliciter l'affirmation (I), puis la nuancer, (II) avant de la reformuler pour dépasser la contradiction (III).
  - Si le sujet vous demande de **prouver** la validité d'une thèse, privilégiez le **plan thématique** : présentez successivement différents arguments en faveur de la thèse proposée.

- Reprenez vos notes et organisez vos idées : vous devez avoir, pour chaque partie, au moins deux **arguments**, illustrés par un ou plusieurs **exemples** chacun. Chaque argument correspond à une sous-partie.
- Vous devez mettre vos connaissances **au service de votre argumentation** : il ne s'agit pas de « recaser » des citations ou des éléments d'analyse appris par cœur, mais de sélectionner les exemples les plus pertinents et de montrer comment ils illustrent votre idée.

III Rédiger la dissertation

- Rédigez d'abord votre **introduction** au brouillon. Elle doit comporter :
  - une phrase d'amorce ;
  - la citation qui sert de support au sujet (le cas échéant) ;
  - une reformulation de la problématique ;
  - l'annonce de votre plan.
- Rédigez ensuite votre **développement** en suivant le plan établi au brouillon (une sous-partie = un paragraphe).
- Rédigez enfin une **conclusion** qui synthétise votre point de vue et répond à la problématique posée par le sujet. Vous pouvez terminer en élargissant le débat (autre époque, autres arts…).
- **Relisez** attentivement l'ensemble de votre devoir : que vous soyez à l'aise ou non en orthographe, on fait souvent des fautes lorsque l'on est pris dans le fil d'une réflexion. L'important est de réussir à les corriger !

Conseil

Ménagez des transitions entre vos grandes parties et utilisez des connecteurs logiques pour aider le correcteur à comprendre la logique de votre argumentation.

L'ESSENTIEL

Choisir le plan de ma dissertation

Je dois **discuter** une affirmation →	Plan **dialectique** (I. thèse ; II. antithèse ; III. synthèse)
Je dois **prouver** la validité d'une thèse →	Plan **thématique** (I. argument 1 ; II. argument 2 ; etc.)

Expliquer un texte à l'oral

51

☐ OK

L'épreuve orale dure 20 minutes et vous disposez de 30 minutes de préparation. L'évaluation porte à la fois sur vos connaissances et sur votre capacité à vous exprimer à l'oral.

I Comprendre l'épreuve

1re partie : exposé (🕒 12 min. • 12 points)		
• lecture du texte	• explication linéaire	• question de grammaire
2e partie : entretien (🕒 8 min. • 8 points)		
• présentation d'une œuvre intégrale • échange avec l'examinateur		

II Bien gérer le temps de préparation

1 Préparer l'explication

- Commencez par **délimiter le passage à expliquer** : il ne correspond pas forcément à la totalité de l'extrait étudié en classe.
- **Lisez** une première fois le texte pour vous le remettre en mémoire, puis **relisez-le** en annotant au fil de votre lecture.
- Notez au brouillon les idées importantes, **dans l'ordre du texte**, en utilisant **un code couleur clair** qui vous permette de vous repérer facilement.
- Contrairement au commentaire écrit, l'explication doit être linéaire, c'est-à-dire **suivre le fil du texte**. Vous pouvez la structurer en reprenant les mouvements du texte, mais il ne s'agit pas de construire un plan autour d'axes de lecture.

Conseil

N'essayez pas de rédiger l'intégralité de votre explication : face à l'examinateur, vous devez être naturel et spontané.

2 Garder du temps pour les autres parties de l'oral

Prévoyez environ 5 minutes pour répondre à la question de grammaire, et 5 minutes pour préparer la 2e partie de l'oral, en notant les idées clés de votre présentation.

II Réussir la première partie de l'oral

- Présentez brièvement le texte (auteur, œuvre, époque, parcours dans lequel il s'inscrit), puis **lisez-le** à haute voix.

- Expliquez ensuite le texte **sans le paraphraser** : il ne s'agit pas de reformuler le propos de l'auteur, mais de proposer une interprétation du texte. Vous devez donc toujours **analyser** les procédés que vous relevez.

- **Concluez** votre explication en synthétisant vos observations : quels sont les principaux enjeux du texte ? Ouvrez éventuellement en évoquant d'autres textes du parcours.

- Répondez enfin à la question de grammaire :
  - **citez** la phrase ou le passage concerné ;
  - **décrivez**-en la structure en utilisant un vocabulaire adapté.

III Réussir la deuxième partie de l'oral

- Dans un premier temps, l'examinateur vous invite à présenter l'œuvre que vous avez choisie. Soyez **concis mais efficaces** :
  - résumez brièvement l'œuvre et ses principaux enjeux ;
  - expliquez pourquoi vous avez choisi de la présenter.

- L'examinateur prendra appui sur votre présentation pour vous poser des questions. C'est surtout votre **aptitude à dialoguer** qui est évaluée : efforcez-vous de développer vos réponses et de réagir aux propositions de l'examinateur.

L'ESSENTIEL

Quelques conseils pour être à l'aise à l'oral

Pendant l'année	Jour J
▸ prendre la parole en public dès que possible ▸ repérer les tics de langage et les gestes nerveux et s'entraîner à les éliminer	▸ prendre le temps de s'installer confortablement ▸ ne pas parler trop vite ni trop bas ▸ respirer profondément

Quiz EXPRESS 52

Avez-vous bien révisé les fiches 49 à 51 ? On vérifie !

Connaître les exercices

1 Rédiger un commentaire de texte

▶ FICHES 49

Cochez la ou les bonne(s) réponse(s).

Quels sont les premiers éléments d'un texte à repérer pour constituer sa « carte d'identité » ?

- ☐ a. le nom de l'auteur
- ☐ b. la date de publication
- ☐ c. le type de texte
- ☐ d. le mouvement littéraire
- ☐ e. les figures de style
- ☐ f. la tonalité du texte
- ☐ g. les champs lexicaux
- ☐ h. le nom des personnages
- ☐ i. le(s) but(s) de l'auteur
- ☐ j. le(s) thème(s) de l'extrait

2 Rédiger une dissertation sur une œuvre

▶ FICHES 50

Cochez la ou les bonne(s) réponse(s).

Chaque paragraphe du développement comprend :

- ☐ a. un argument et un exemple.
- ☐ b. une citation et un argument.
- ☐ c. un titre d'œuvre et un argument.

3 Expliquer un texte à l'oral

▶ FICHES 51

Cochez la ou les bonne(s) réponse(s).

1. Lors de la présentation de l'œuvre, il faut :

- ☐ a. faire une biographie.
- ☐ b. résumer l'œuvre.
- ☐ c. lire un passage.
- ☐ d. donner son avis sur l'œuvre.

2. Lors de l'entretien :

- ☐ a. il faut répondre très précisément à l'examinateur.
- ☐ b. il faut développer ses réponses.
- ☐ c. il ne faut évoquer que l'œuvre présentée.
- ☐ d. il ne faut pas couper l'examinateur.

CORRIGÉS

1 Rédiger un commentaire de texte

Réponses a, b, c, d, f, i et j.
Cette approche du texte permet d'en cerner les aspects importants à la première lecture. Il ne s'agit pas d'entrer déjà dans le relevé et l'analyse des procédés mais d'identifier les points de repère essentiels.

Conseil

Prenez le temps de lire les sujets de dissertation et de commentaire avant de choisir l'un des exercices. Pour cela, il est important de maîtriser les deux méthodes.

2 Rédiger une dissertation sur une œuvre

Réponse a.
Afin d'étayer la thèse choisie, chaque paragraphe repose sur un argument qui s'appuie sur un exemple, c'est-à-dire un passage pertinent de l'œuvre expliqué et mis en lien avec l'argument. Il ne suffit pas de le citer.

3 Expliquer un texte à l'oral

1. **Réponses b et d.**
Cette présentation doit être brève afin de garder des éléments de discussion lors de l'entretien. Le résumé de l'œuvre doit être assez succinct et mettre l'accent sur les points importants. L'avis doit juste mentionner quelques remarques mais sans entrer dans les détails.

2. **Réponses a, b et d.**
L'entretien est un échange mais il faut respecter les règles de politesse et ne pas interrompre le professeur. En revanche, la réponse apportée doit montrer des capacités d'argumentation.

Analyser le lexique

53

☐ OK

La connaissance d'un lexique adapté est nécessaire tant pour la compréhension et l'analyse des textes que pour la précision de l'expression écrite et orale.

I Champ lexical et réseau lexical

Les mots du langage désignent des réalités du monde, qu'elles soient concrètes ou abstraites (les idées).

- On appelle **champ lexical** l'ensemble des termes désignant une même réalité : *guerre, arme*. Les termes peuvent être reliés entre eux par dérivation, *guerre, guerrier.* Attention, il ne suffit pas de relever un champ lexical, il faut l'analyser pour mettre à jour les sous-thèmes et les relations de sens.

- Le **réseau lexical** est un champ lexical étendu aux autres termes qui, par leur connotation ou leur emploi en contexte, relèvent de la même thématique. Ainsi *guerrier, armes, munition, fusil* font partie du champ lexical de la guerre et *mutilation, hôpital, panique* font partie de son réseau lexical.

Mot clé

Connotation : charge affective et subjective ajoutée à la dénotation d'un terme (la définition du dictionnaire) en fonction de la culture personnelle du lecteur.

II Polysémie, synonymie, antonymie

- Un même terme peut avoir plusieurs sens, il est dit **polysémique.** La polysémie permet de jouer sur différents niveaux de sens.

> … formaient une harmonie telle qu'il n'y eut jamais en enfer (Voltaire)

Voltaire utilise le double sens d'harmonie, « formation musicale » et « entente, paix », pour faire réfléchir le lecteur.

- Des termes différents peuvent recouvrir une même réalité, ils sont dits **synonymes**. Cependant, il y a toujours une nuance de sens entre les synonymes. Dans une énumération ou une gradation, on doit être attentif à l'apport de chacun des termes.

> Je vois partout […] la force, la brutalité, la cruauté, le sadisme (Césaire)

Chaque terme de la gradation ajoute une nuance au précédent.

• Des termes peuvent avoir des relations de sens opposé, ils sont dits **antonymes** (*généreux, avare*). Ils sont employés dans les antithèses et les oxymores.

Cette obscure clarté qui tombe des étoiles (Corneille)

La juxtaposition des mots « obscure » et « clarté » constitue un oxymore.

III Les types de lexique

Les mots d'une langue sont multiples et il existe de nombreuses manières de les classer. Il faut savoir reconnaître et utiliser au moins **quatre types de lexique**.

• Le **lexique appréciatif** permet d'exprimer une appréciation :

- si elle est positive, on parle de lexique mélioratif (*admirable, magnifique*) ;
- si elle est négative, on parle de lexique péjoratif (*fade, néfaste, borné*).

• Le **lexique évaluatif** permet d'exprimer un jugement de valeur sur une échelle graduée (*grand/petit, chaud/froid*) dans divers domaines : esthétique (*beau*), moral (*bon*), etc.

• Le **lexique affectif** permet d'exprimer la manière dont on est affecté par quelque chose. C'est le lexique des sentiments et des émotions (*admiration, souffrance, pitié, pitoyable*…).

• Le **lexique abstrait** est le lexique des opérations de la pensée (*réfléchir, méditer, notion, concept, réflexion*…), du jugement (*apprécier, concéder, réfuter, rejeter*…), de la morale ou de la philosophie (*liberté, conscience, être, déterminisme, vertu, devoir*…), des catégories artistiques (*baroque, classique*…), du sentiment esthétique (*beau, sublime*), etc.

L'ESSENTIEL

Analyser le lexique

- **champ lexical** : ensemble de termes désignant une même réalité
- **réseau lexical** : champ lexical étendu aux termes qui relèvent de la même thématique

- **terme polysémique** : qui peut avoir plusieurs sens
- **synonymes** : termes différents qui peuvent recouvrir la même réalité

- **types de lexique** : appréciatif, évaluatif, affectif, abstrait

Analyser les phrases

54

☐ OK

La phrase est une unité complète et autonome. Pour l'analyser, il faut étudier sa syntaxe, sa modalité et son rythme.

I Syntaxe de la phrase

- Une phrase peut comporter une ou plusieurs proposition(s) :
  - une phrase constituée d'une seule proposition est une **phrase simple** ;
  - une phrase constituée de plusieurs propositions est une **phrase complexe.**
- Les propositions d'une phrase complexe peuvent être des propositions indépendantes :
  - **coordonnées** par une conjonction de coordination (*Je sors car il fait beau*) ou un adverbe (*Il neige, alors je prends les skis*) ;
  - ou **juxtaposées** à l'aide d'un signe de ponctuation (*Il la voit, il en tombe amoureux, il lui déclare sa flamme*).
- Les propositions peuvent aussi être liées par une relation de **subordination** (subordonnée conjonctive ou relative) : *Je dors quand je le peux./ J'aime le livre que je lis.*

II Modalités de la phrase

1 Les quatre types de phrase

On distingue quatre types de phrases :

- La **phrase déclarative** (ou assertive). On affirme quelque chose.
- La **phrase interrogative**. On pose une question. Elle est marquée par un point d'interrogation et, en principe, par l'inversion du sujet et l'utilisation d'un terme interrogatif.
- La **phrase impérative**. On donne un ordre (injonction). Elle est marquée par l'impératif et l'absence de sujet.
- La **phrase exclamative**. Le locuteur exprime son sentiment. Elle est marquée par la présence d'un point d'exclamation.

À noter

Les quatre **types de phrase** peuvent être affectés par la **négation**, la transformation à la forme passive et l'emphase.

2 Les phrases atypiques

- La phrase à présentatif : *Nous voici. Voilà quelqu'un. C'est Pierre qui arrive. Il y a un loup dans les bois. Il était une fois...*
- La phrase nominale : phrase sans verbe. Elle peut être déclarative (*Fin de la piste*), interrogative (*La sortie ?*), exclamative (*Génial, ce film !*).
- Les incises : elles sont courtes, comportent un verbe de parole ou de pensée, le sujet est inversé ; on la trouve dans le discours direct, insérée au milieu ou en fin de phrase : *Jeanne n'a pas voulu le prendre, criait-elle à tue-tête.* (Camus)

III Étude du rythme

Le rythme d'une phrase est fonction de sa longueur et de sa construction, généralement indiquée par la ponctuation.

- Le rythme binaire consiste à grouper les propositions par deux segments égaux : *Tu viens et je suis heureux.* Le rythme ternaire les regroupe par trois : *Le loriot siffle, l'hirondelle gazouille, le ramier gémit.* (Chateaubriand)

À noter

Si l'on étudie toujours **le rythme** dans la poésie, il ne faut pas oublier de l'étudier aussi pour un texte en prose. Si celui-ci présente beaucoup d'effets rythmiques, on pourra parler de **prose poétique** ou de **récit poétique**.

- Au-delà d'un regroupement de trois éléments, on parle d'accumulation ou de rythme accumulatif.

L'ESSENTIEL

Analyser les phrases

Syntaxe
- phrase simple : 1 proposition
- phrase complexe : plusieurs propositions

Modalités
- phrase déclarative, interrogative, impérative ou exclamative
- phrases atypiques : à présentatif, nominale ou incises

Rythme
- binaire - ternaire - accumulatif

Étudier l'énonciation

55

☐ OK

L'énonciation est l'acte individuel de production d'un énoncé par un locuteur. On peut chercher à analyser les textes en fonction de leur type d'énonciation.

I La situation d'énonciation

Tout énoncé s'inscrit dans une situation d'énonciation. Un locuteur produit un énoncé, dans un lieu et temps donné, adressé à quelqu'un (l'allocutaire ou destinataire).
On peut définir deux types d'énonciation.

- Quand il est nécessaire de connaître les conditions de l'énonciation pour comprendre l'énoncé, on parle d'énoncé ancré dans la situation d'énonciation. Pour comprendre l'énoncé *je suis ici*, l'allocutaire doit savoir qui est le « je » et où il se trouve, c'est-à-dire la situation dans laquelle l'énoncé a été produit.
- Quand il n'est pas nécessaire de connaître les conditions de l'énonciation, on parle d'énoncé coupé ou d'énonciation historique. Pour comprendre l'énoncé *Louis XIV est mort en 1715*, il n'est pas nécessaire de connaître les conditions de l'énonciation.

II L'énoncé ancré dans la situation d'énonciation

On le reconnaît à la présence des éléments suivants :

- Le système de la 1re et de la 2e personne : pronoms personnels (*je, me, tu, te, nous, vous*), déterminants et pronoms possessifs (*mon, ma, mes, notre, nos, le mien… ; ton, ta, tes, vos, votre, le tien…*).
- Les déictiques : termes qui ne se comprennent que s'ils sont accompagnés d'un geste. Ainsi l'injonction *Prends ce livre* ne se comprend que si le locuteur désigne du doigt le livre en question. Les déterminants et les pronoms démonstratifs (*ce, cet, cette, ces, celui-là*) et les adverbes de lieu (*ici*), et de temps (*maintenant*) sont typiquement des déictiques.

À noter

Certaines grammaires regroupent sous l'appellation « **déictiques** » tous les termes qui ne se comprennent qu'à l'intérieur d'une situation d'énonciation.

- Les temps verbaux :
  - le présent d'énonciation correspond au moment de l'énonciation ;
  - le passé composé est utilisé pour évoquer un moment du passé.
- Les modalisateurs : ils indiquent le degré d'adhésion de l'énonciateur à son énoncé : *il pleuvra sans doute, peut-être, certainement...* Les modalisateurs peuvent être des adverbes (*probablement, certainement...*), des locutions adverbiales (*peut-être, sans doute...*), des auxiliaires de mode (*devoir, pouvoir, vouloir...*), certains adjectifs qualificatifs (*possible, certain, probable...*). Le conditionnel peut aussi indiquer une distance de l'énonciateur à son énoncé : *On pourrait dire qu'il a raison, mais...*
- Les marques de la subjectivité : utilisation d'un lexique appréciatif, évaluatif, affectif. ▶ FICHE 53
- Les marques du jugement : verbes de jugement (*je pense, je crois...*).

III L'énoncé coupé de la situation d'énonciation

Il s'oppose point par point à l'énoncé ancré dans la situation d'énonciation. On le reconnaît à la présence des éléments suivants :

- Le système de la 3e personne : pronoms personnels (*il, ils*), déterminants possessifs (*son, sa, sien ; leurs*).
- Les temps verbaux : le présent de narration et le passé simple.
- Des indices spatio-temporels : dates et lieux précis qui permettent un repérage absolu dans le temps et dans l'espace.
- L'absence de modalisateurs et de marques de la subjectivité et du jugement.

Conseil

Dans un texte apparemment objectif, il faut être attentif à la présence de modalisateurs qui révèlent une prise de position de l'auteur, du narrateur, ou du locuteur.

L'ESSENTIEL

Reconnaître un énoncé ancré dans la situation d'énonciation →
- 1re et 2e personne
- déictiques
- présent d'énonciation, passé composé
- modalisateurs
- marque de la subjectivité et du jugement

Reconnaître un énoncé coupé de la situation d'énonciation →
- 3e personne
- présent de narration, passé simple
- indices spatiaux-temporels à valeur absolue

Reconnaître les figures de style

56

☐ OK

Identifier les figures de style aide à mieux commenter un texte si on les met en relation avec l'analyse du sens.

I Les figures de sens

1 Les figures d'analogie

- La **comparaison**. Deux éléments, comparé et comparant, sont mis en relation par un outil explicite. Celui-ci peut être une préposition (*comme*), une conjonction (*de même que*, *ainsi que*...), un verbe (*ressembler*...), un adjectif (*semblable*...).

> Laissent piteusement leurs grandes ailes blanches
> Comme des avirons traîner à côté d'eux. (Baudelaire)

- La **métaphore** est une comparaison sans outil explicite. Elle est filée quand elle se prolonge sur plusieurs vers ou phrases.

> Bergère ô tour Eiffel le troupeau des ponts bêle ce matin
> (Apollinaire)

- La **personnification** consiste à donner à des objets les caractéristiques d'êtres humains .
- L'**allégorie** permet de représenter sous une forme concrète une idée abstraite.

> [...] et l'Angoisse atroce, despotique,
> Sur mon crâne incliné plante son drapeau noir. (Baudelaire)

2 Les figures de substitution

- La **métonymie**. Elle rapproche deux mots ayant un rapport de contiguïté ou un rapport logique : *boire un verre, croiser le fer, une fine lame*.
- La **périphrase** consiste à substituer au nom d'une personne, d'un objet ou d'une abstraction, une expression complexe : *l'oiseau de Jupiter* = l'aigle.

3 Les figures d'atténuation et d'exagération

- L'**euphémisme** est une évocation détournée d'un fait pour en atténuer la violence : *il est parti* au lieu de *il est mort*.
- La **litote** permet de dire peu pour dire beaucoup.

> Va, je ne te hais point (= *Je t'aime*) Corneille, *Le Cid*

- L'**hyperbole** fait employer des termes exagérés par rapport à la réalité qu'ils désignent : *souffrir mille morts*.

4 Les figures d'opposition

- L'antithèse : deux termes de sens contraire s'opposent au niveau de la phrase ou d'un ensemble de phrases.

> Songe aux cris des vainqueurs, songe aux cris des mourants
> (Racine)

- L'oxymore : deux termes s'opposent par le sens au sein d'un groupe syntaxique : « Le soleil noir de la mélancolie » (Nerval).
- L'antiphrase, figure de l'ironie, fait comprendre le contraire de ce que l'on semble dire : *Quel beau temps*, alors qu'il pleut.

II Les figures de construction

- L'anaphore consiste à répéter en début de vers (ou de phrase) un même mot ou groupe syntaxique.

> Voilà comme Pyrrhus vint s'offrir à ma vue ;
> Voilà par quels exploits il sut se couronner ;
> Enfin voilà l'époux que tu me veux donner.
> Racine, *Andromaque*

- La gradation est une énumération ordonnée suivant un ordre croissant ou décroissant ; le dernier terme est souvent hyperbolique.

> C'est un roc !... C'est un pic !... C'est un cap ! Que dis-je, c'est un cap ? C'est une péninsule ! (Rostand, *Cyrano de Bergerac*)

- Le chiasme consiste, à partir d'un parallélisme de construction, à croiser la fonction syntaxique de termes qui peuvent s'opposer par le sens.

> Mon berceau a de ma tombe, ma tombe a de mon berceau.
> (Chateaubriand)

L'ESSENTIEL

Les figures d'analogie	Créer des images en mettant en évidence des points communs
Les figures de substitution	Substituer un mot à un autre, selon des rapports plus ou moins proches
Les figures d'atténuation et d'exagération	Atténuer ou amplifier le sens
Les figures d'opposition	Mettre en relation des termes ou des idées qui s'opposent par le sens

Identifier la tonalité d'un texte

57

☐ OK

Tout texte fait ressentir un type d'émotion au lecteur. Analyser la tonalité, c'est chercher à identifier la nature de cette émotion et comprendre ce qui, dans le texte, la provoque.

I Émouvoir

À noter

Le **lyrisme** est emblématique de la poésie, mais tous les poèmes ne sont pas lyriques et on peut trouver du lyrisme dans tous les autres genres.

- **Tonalité lyrique.** Expression forte des sentiments sur des thèmes comme l'amour, la mort la nature. Le texte est à la première personne. Le lyrisme peut être déploration (lyrisme élégiaque) ou hymne joyeux.
- **Tonalité pathétique.** Caractérise un texte qui cherche à faire ressentir au lecteur le sentiment de la pitié et de la compassion. On le reconnaît à l'expression de la souffrance physique ou morale, à des images violentes, à des invocations. Il joue sur la capacité d'identification du lecteur.
- **Tonalité tragique**. Le héros tragique est en prise au destin ou à des forces qui le dépassent. Le lexique, noble et solennel, fait référence aux dieux, au destin, à une fatalité. Il est évidemment à l'œuvre dans les tragédies. On parle d'ironie tragique, quand le héros, cherchant à trouver une issue favorable, prend des décisions qui vont se retourner contre lui et le mènent là où le destin l'attend.
- **Tonalité épique**. En relation avec l'épopée, c'est une narration d'épisodes guerriers, qui tend à magnifier les combats et les exploits des héros jusqu'à les diviniser. L'exemple typique est l'*Iliade*, d'Homère. On emploie volontiers l'hyperbole et les procédés de l'amplification.

II Faire rire

- **Tonalité comique.** La visée est le rire. Il joue sur le décalage entre ce qui est attendu et ce qui est produit. On le reconnaît précisément à trois types de comique : le comique de mots (jeux de mots, inventions langagières, répétitions), de gestes (gesticulations, poursuites, chutes...) et de situation (situations incongrues, quiproquos...). On le trouve dans les comédies, mais pas seulement.
- **Tonalité satirique.** La visée est la critique. On se moque d'une catégorie professionnelle ou sociale, en la mettant en situation. Ainsi, Molière fait la satire des médecins dès qu'il en a l'occasion.

Tonalité ironique. L'ironie fait entendre le contraire de ce qui est énoncé. Jeu sur le second degré, elle suppose la complicité de l'interlocuteur qui accepte de décrypter le sens. L'ironie se définit par l'antiphrase. L'ironie peut servir une visée critique. Voltaire l'utilise beaucoup.

III Convaincre

Tonalité didactique. Sa visée est l'enseignement, la pédagogie. On le reconnaît à une argumentation claire qui cherche à guider le lecteur dans sa compréhension. On peut trouver des impératifs et tous les modes d'expression du conseil.

Tonalité polémique. Le mot vient du grec *polémos* qui veut dire « guerre ». Il caractérise un débat conflictuel, une argumentation menée de manière violente. Les mots servent d'armes. On cherche l'implication du destinataire.

IV Déstabiliser

Le fantastique. Irruption d'éléments surnaturels dans le réel. On ne sait pas si ces événements sont explicables rationnellement ou non. L'angoisse ressentie est due au doute qui est maintenu jusqu'à la fin du récit. Le lexique de l'étrangeté et de la peur est employé. Le texte est souvent à la première personne ou en focalisation interne, et le lecteur suit le narrateur dans ses doutes et ses peurs.

Le merveilleux. C'est le monde des contes de fées. Dans le monde merveilleux, il est naturel que les humains côtoient fées, ogres et animaux qui parlent… Contrairement au fantastique, le surnaturel ne provoque pas l'angoisse.

L'ESSENTIEL

Identifier la tonalité d'un texte

Émouvoir
- tonalité lyrique
- tonalité pathétique
- tonalité tragique
- tonalité épique

Faire rire
- tonalité comique
- tonalité satirique
- tonalité ironique

Convaincre
- tonalité didactique
- tonalité polémique

Déstabiliser
- le fantastique
- le merveilleux

Quiz EXPRESS 58

Avez-vous bien révisé les fiches 53 à 57 ? On vérifie !

Maîtriser les outils de l'analyse

1 Analyser le lexique

▶ FICHE 53

À quel type de lexique appartient le mot *pitoyable* ?

☐ a. appréciatif ☐ b. évolutif ☐ c. affectif ☐ d. abstrait

2 Analyser les phrases

▶ FICHE 54

Dans la phrase ci-dessous, les deux propositions sont :

> Cette fois il s'abattit la face contre le pavé, et ne remua plus.
>
> Victor Hugo, *Les Misérables*

☐ a. coordonnées. ☐ b. juxtaposées. ☐ c. subordonnées.

3 Reconnaître les figures de style

▶ FICHE 56

Cochez les figures de style identifiées.

1. « Paris est tout petit / C'est là sa vraie grandeur » (Prévert)

☐ a. litote ☐ b. antithèse ☐ c. allégorie

2. « Je me suis baigné dans le Poème de la mer » (Rimbaud)

☐ a. métaphore ☐ b. chiasme ☐ c. métonymie

3. « Des cadavres dessous et dessus des fantômes » (Hugo)

☐ a. chiasme ☐ b. allégorie ☐ c. comparaison

4 Identifier la tonalité d'un texte

▶ FICHE 57

Lisez l'extrait et cochez la proposition qui convient.

> Hélas ! qui peut savoir ici le destin qui m'amène ?
> L'amour me fait ici chercher une inhumaine.
> Mais qui sait ce qu'il doit ordonner de mon sort,
> Et si je viens chercher ou la vie ou la mort ?
>
> Racine, *Andromaque* (1667)

Il s'agit d'un texte :

☐ a. tragique. ☐ b. pathétique. ☐ c. lyrique.

CORRIGÉS

1 Analyser le lexique

Réponse c.
L'adjectif *pitoyable* est formé sur le nom *pitié*. L'employer, c'est chercher à faire éprouver le sentiment de la pitié.

À noter
Les lexiques appréciatif et affectif se retrouvent dans l'expression de la subjectivité.

2 Analyser les phrases

Réponse a.
Les deux propositions sont coordonnées par la conjonction *et*.

3 Reconnaître les figures de style

1. **Réponse b.**
Antithèse entre *petit* et *grandeur*.

2. **Réponse a.**
Il s'agit d'une métaphore puisque *poème* et *mer* sont associés dans une même image sans outil de comparaison.

3. **Réponse a.**
Les deux hémistiches forment un chiasme puisque l'ordre des éléments est inversé :
nom + adverbe // adverbe + nom.
Le chiasme est amplifié par l'opposition *dessus / dessous*.

4 Identifier la tonalité d'un texte

Réponse a.
Les deux interrogatives montrent que le héros ne maîtrise pas sa propre vie, mais qu'il est entre les mains du « destin » sujet du verbe d'action « amène ».

Maîtriser les outils d'analyse

1

Qu'est-ce qu'un réseau lexical ?

▶ FICHE 53

2

Qu'est-ce qu'un antonyme ?

▶ FICHE 53

3

Qu'est-ce qui distingue une phrase simple d'une phrase complexe ?

▶ FICHE 54

4

Qu'est-ce qu'une incise ?

▶ FICHE 54

5

Quelles sont les caractéristiques d'un récit ancré dans la situation d'énonciation ?

▶ FICHE 55

6

Qu'est-ce qu'une métonymie ? Donnez un exemple.

▶ FICHE 56

7

Qu'est-ce qu'un chiasme ? Donnez un exemple.

▶ FICHE 56

8

Quelles sont les deux caractéristiques de la tonalité polémique ?

▶ FICHE 57

RÉPONSES

Efforcez-vous de répondre aux questions par vous-même avant de consulter les réponses, puis révisez régulièrement pour bien mémoriser.

1

Réseau lexical : un réseau de termes qui relèvent d'un même champ thématique.

2

Antonyme : un mot qui a un sens contraire au sens d'un autre mot.

3

Une **phrase simple** est constituée d'une seule proposition, tandis qu'une **phrase complexe** est constituée de plusieurs propositions.

4

Incise : une proposition insérée dans une autre proposition.

5

Caractéristiques d'un récit ancré dans la situation d'énonciation :

- le présent d'énonciation
- les marques de subjectivité
- les pronoms aux 1re et 2e personnes
- des indicateurs tels que « ici » ou « hier ».

6

Métonymie : rapprochement de deux mots ayant un rapport de contiguïté ou un rapport logique : « boire un verre », « croiser le fer », « être une fine lame ».

7

Chiasme : un parallélisme de construction qui croise la fonction syntaxique de termes qui s'opposent par le sens : « Mon berceau a de ma tombe, ma tombe a de mon berceau » (Chateaubriand)

8

La **tonalité polémique** :
1. utilise un lexique violent
2. implique le lecteur.

Faire des phrases courtes et bien construites

60

☐ OK

Une phrase bien construite est une phrase qui respecte les règles de la syntaxe et dans laquelle on ne perd pas son lecteur.

I Faire des phrases courtes

1 Bien ponctuer

- La ponctuation sert à marquer des pauses et à isoler des groupes syntaxiques. Elle aide donc à **comprendre le sens** de la phrase : son absence peut rendre la phrase ambiguë ou incompréhensible.
- Attention, le sujet ne doit jamais être séparé par une virgule du verbe qu'il régit.

> ✗ Hugo dans *Les Misérables*, dénonce les conditions de vie des bagnards.
> ✗ Hugo dans *Les Misérables* dénonce les conditions de vie des bagnards.
> ✓Hugo, dans *Les Misérables*, dénonce les conditions de vie des bagnards.

Conseil

Si vous avez un doute sur la **place des virgules**, relisez-vous à haute voix : vous les placerez alors naturellement en fonction du sens de votre phrase.

- Le **point virgule** a la même valeur qu'un point, mais permet la continuité de l'idée exprimée. Il ne doit pas être utilisé à la place d'une virgule.

> Victor Hugo dénonce les conditions de vie des bagnards ; c'est particulièrement le cas dans *Les Misérables*.

- Les **deux points** permettent d'introduire une énumération ou d'établir un rapport de causalité. ▶ FICHE 61

2 Éliminer parenthèses et tirets

- De manière générale, **évitez l'usage des parenthèses et des tirets énumératifs** en dissertation et en commentaire. Les parenthèses ne doivent jamais être utilisées pour donner une information complémentaire.

> ✗ Victor Hugo (poète, dramaturge et romancier) est une grande figure littéraire du XIXe siècle.
> ✓Victor Hugo est une grande figure littéraire du XIXe siècle. Il était tout à la fois poète, dramaturge et romancier.

3 Simplifier les phrases

- N'accumulez pas les relatives.

> ✗ Victor Hugo a pris position contre Napoléon III, ce qui l'a conduit à un exil qui a duré de longues années.
>
> ✓ Les prises de position de Victor Hugo contre Napoléon III l'ont conduit à un long exil.

- Lorsque c'est possible, remplacez les relatives par un adjectif.

> ✗ Un poète qui est adepte du lyrisme préfère le vers à la prose.
>
> ✓ Un poète lyrique préfère le vers à la prose.

II Faire des phrases bien construites

- Pour intégrer une interrogation dans une phrase déclarative, on utilise une **subordonnée interrogative indirecte**. Elle est introduite par un verbe de parole ; il n'y a ni inversion du sujet ni point d'interrogation

> ✗ On se demandera si le héros est-il toujours moral ?
>
> ✓ On se demandera si le héros est toujours moral.

- La **conjonction « et »** ne peut coordonner que deux groupes syntaxiques équivalents.

> ✗ La comédie permet le divertissement [GN] et d'instruire le public [GV].
>
> ✓ La comédie permet de divertir [GV] **et** d'instruire le public [GV].

- Soyez vigilant sur l'usage du gérondif ou du **participe présent** : le sujet du verbe conjugué doit être le même que le sujet implicite du participe présent.

> ✗ En pensant à sa fille, le poème s'écrivit facilement.
>
> ✓ En pensant à sa fille, Hugo écrivit facilement son poème.

L'ESSENTIEL

Faire des phrases courtes et bien construites

Bien ponctuer
- terminer chaque phrase par un point
- marquer des pauses grâce à des virgules

Bien construire les subordonnées
- choisir le bon pronom relatif
- savoir identifier une interrogative indirecte

Exprimer des relations logiques

61

☐ OK

Pour énoncer et défendre ses idées, pour convaincre son interlocuteur, il est nécessaire de connaître et de maîtriser les outils dont la langue dispose pour mettre en relation les idées et construire une pensée.

I L'expression de la cause et de la conséquence

1 Quelle différence entre *parce que* et *puisque* ?

Il ne faut pas confondre *parce que* et *puisque* :
– *parce que* explicite la cause ;
– *puisque* (*dès lors que, du moment que, comme…*) énonce un constat.

✓Le texte est injonctif parce que tous les verbes sont à l'impératif.

[On énonce un résultat, puis on le justifie.]

✓Puisque tous les verbes sont à l'impératif, on peut dire que le texte est injonctif.

[*Puisque* introduit la cause connue de l'interlocuteur (on est d'accord pour dire que les verbes sont à l'impératif), avant d'énoncer le résultat.]

Conseil

N'écrivez jamais *car en effet* ou *et car*. Choisissez l'un ou l'autre !

2 Quelles différences entre *en raison de, à cause de, dû à* ?

Dû à n'est pas une locution prépositive (comme *en raison de, à cause de…*) mais le participe passé du verbe *devoir* qui se construit avec la préposition *à* (*devoir quelque chose à quelqu'un*).

✗ Le texte est injonctif dû à la présence des impératifs.
✓Le texte est injonctif en raison de / à cause de la présence des impératifs.
✓Si le texte est injonctif, cela est dû à la présence des impératifs

3 Penser à la ponctuation

Les deux points peuvent avantageusement remplacer un connecteur de cause.

✓Rimbaud était un poète précoce. Il a en effet publié ses premiers poèmes à 17 ans.
✓Rimbaud était un poète précoce : il a publié ses premiers poèmes à 17 ans.

II L'expression de l'opposition et de la concession

1 Les connecteurs exprimant l'opposition

Les **connecteurs d'opposition** sont nombreux et ne posent pas de problème d'emploi : *mais, cependant, en revanche, alors que, tandis que, au lieu de, loin de...*

2 Les connecteurs exprimant la concession

- Attention à l'emploi de ***malgré*** et ***bien que.*** *Malgré* est une préposition, elle est donc toujours suivie d'un GN : *malgré que* est à bannir. Pour introduire une subordonnée, utilisez *bien que* + subjonctif.

> ✓ Malgré son goût pour la médecine, Rabelais préféra la littérature.
> ✓ Bien que André Breton soit mort, son influence se fait toujours sentir.

- On peut aussi employer ***quoique*** et ***quel(le) que soit*** (attention à l'accord !).

> ✓ Quoique grand poète, Soupault est peu connu aujourd'hui.
> ✓ Quels que soient les arguments opposés, ils ne pourront nous convaincre.

À noter

Ne confondez pas la conjonction **quoique** (= *bien que*) et le relatif **quoi que** (= *quel que soit ce que*).

L'ESSENTIEL

Faire progresser une argumentation

- **Ajouter une idée :** de plus, en outre, par ailleurs, voire...
- **Mettre en parallèle deux idées :** soit... soit, d'une part... d'autre part...
- **Introduire un exemple :** ainsi, comme, par exemple, notamment...

Éviter les répétitions

62

☐ OK

Dans vos différents types d'écrits, il faut éviter les répétitions qui alourdissent vos phrases et appauvrissent votre pensée. Comment les éviter ?

I Traquer les répétitions et les redondances

- Veillez à ne pas surcharger votre texte d'informations inutiles :
- informations que avez déjà données :

> Écrire un article sur le blog de la classe est une bonne idée. Cela permet d'approfondir sa propre réflexion. Cependant, ~~sur le blog de la classe~~, il faudra être attentif à l'orthographe.

- informations évidentes :

> La marquise de Merteuil, l'une des protagonistes du roman épistolaire de Laclos, réside à Paris et écrit à Valmont qui ~~n'~~est ~~pas à Paris, mais~~ à la campagne auprès de Madame de Tourvel.

[Il va de soi que si Valmont est à la campagne, il n'est pas à Paris.]

- Traquez également les pléonasmes qu'on peut écrire sans s'en rendre compte, par exemple :

> Le dramaturge met en scène des muets ~~qui ne peuvent pas parler~~.

[muet = personne qui ne peut pas parler : la précision est donc inutile]

Mot clé

Un **pléonasme** est la répétition dans un même énoncé de mots ayant le même sens (*monter en haut, descendre en bas...*).

II Utiliser des pronoms de reprise

- Les pronoms sont des équivalents de groupes syntaxiques (groupe nominal, groupe verbal, groupe prépositionnel). Ils leur servent de substitut et sont utiles pour éviter les répétitions.
- Un pronom de reprise reprend théoriquement le nom le plus proche : attention à ne pas créer d'ambiguïté.

> ? L'acteur a rencontré le metteur en scène. Il lui a parlé de la pièce.

[Qui a parlé ?]

> ✓ L'acteur a rencontré le metteur en scène et lui a parlé de la pièce.
> ✓ L'acteur a rencontré le metteur en scène. Ce dernier lui a parlé de la pièce.

- Leur emploi est rarement possible après un nom collectif.

> Nous avons pu discuter avec la troupe à l'issue du spectacle.
> ✗ Ils étaient tous très intéressants.

[Grammaticalement, ils ne renvoie à rien.]

> ✓Tous les comédiens étaient très intéressants.

III Chercher des synonymes et enrichir le sens

- Toute langue dispose de plusieurs synonymes pour désigner une même réalité ou une même notion. Pensez à utiliser un lexique varié pour enrichir vos écrits.

> Victor Hugo a écrit de nombreux livres ; dans son dernier ~~livre~~ ouvrage, il évoque les ~~livres~~ œuvres qu'il a rédigées dans sa jeunesse.

Conseil

Au cours de l'année, et selon vos lectures, pensez à vous faire des listes de synonymes.

- Sachant que tout synonyme n'est jamais l'exact équivalent d'un mot, on peut chercher une reformulation qui **enrichisse le sens** en apportant un supplément d'information.

> Harpagon est connu pour son avarice. Cette manie le conduit à vouloir marier sa fille à un homme riche mais âgé.

Dans cette phrase, *manie* n'est pas un synonyme d'*avarice*. Le mot signifie *folie* et sert à caractériser le type d'avarice dont Harpagon est victime.

L'ESSENTIEL

Éviter les répétitions

Utiliser des pronoms
- vérifier que l'antécédent n'est pas ambigu
- ne pas oublier d'accorder le pronom avec le mot qu'il remplace

Utiliser un vocabulaire varié
- éviter les verbes passe-partout
- utiliser des synonymes

Écrire sans fautes

63

☐ OK

Écrire sans fautes peut sembler un objectif difficile à atteindre, mais il suffit souvent de se relire attentivement pour éviter un grand nombre d'erreurs.

I Les fautes courantes

1 L'orthographe grammaticale

- Les fautes d'accord sont faciles à éviter si l'on connaît les règles clés :
  - le verbe s'accorde avec son sujet ;
  - les adjectifs et les déterminants s'accordent avec le nom auquel ils se rapportent ;
  - le participe passé s'accorde avec le sujet lorsqu'il est employé avec l'auxiliaire *être* ; avec le COD lorsqu'il est employé avec l'auxiliaire *avoir* et que le COD est placé avant le verbe.
- Notez également que lorsque deux verbes se suivent, le second est à l'infinitif sauf si le premier verbe est un auxiliaire (*être* ou *avoir*).

Conseil

Pendant l'année, notez les fautes que vous faites régulièrement pour y prêter une attention particulière le jour J.

2 L'orthographe lexicale

- On fait moins de fautes quand on comprend la raison d'être de l'orthographe.
  - Les accents circonflexes remplacent un *s* présent dans la langue ancienne :

    | *hospital* → hôpital ; *chastel* → château
  - L'adverbe se construit sur le féminin de l'adjectif :

    | essentiel [masc.] → essentielle [fém.] → essentiellement [adv.]
  - La consonne finale du participe passé est utile pour construire la forme féminine. Cherchez la forme féminine du participe passé et vous saurez si le participe passé se termine par une consonne muette : *mise* → *mis*.
- N'oubliez pas les accents : une erreur ou un oubli d'accent est une faute.
- Attention également aux homophones : *a* [verbe *avoir*] ≠ *à* [préposition], *ou* [conjonction] ≠ *où* [pronom], *et* [conjonction] ≠ *est* [verbe *être*], *ces* [démonstratif] ≠ *ses* [possessifs], *sensé* [qui a du bon sens] ≠ *censé* + verbe [qui est supposé faire quelque chose].

II Des casse-têtes

1 Faut-il le pluriel ou le singulier ?

- Après une préposition exprimant l'absence :

> un héros **sans cœur** [il ne peut avoir qu'un seul cœur]
> un héros **sans principes** [en général, on a plus d'un principe]
> un héros **sans aucun principe** [après *aucun*, *aucune*, il ne peut y avoir le pluriel]

- Après un nom collectif :

> un recueil **de poèmes** [il y a plusieurs poèmes]
> un recueil **de poésie** [le recueil contient de la poésie]
> Le groupe des poètes **a signé** un manifeste. [ils l'ont signé au nom du groupe]
> Une série de ruptures **ont marqué** la fin du mouvement. [chaque rupture a contribué à la fin du mouvement]

2 Comment former le pluriel des noms composés ?

Le principe est de marquer le pluriel sur les mots qui l'acceptent (noms, adjectifs) et de ne pas le marquer sur les autres (adverbes, prépositions, verbes).

- des coffres-fort**s**, des sourd**s**-muet**s**
- des chef**s**-d'œuvre [pièces maîtresses d'une œuvre]
- des tragi-comédie**s**, des arrière-pensée**s**, des poètes avant-gardiste**s**

L'ESSENTIEL

Se relire

1. Vérifier que les phrases sont **complètes** (au moins un verbe conjugué, pas de mot oublié).
2. Vérifier les **accords** :
   - sujet/verbe
   - adjectifs/noms
   - déterminants/noms
3. Vérifier l'orthographe des **homophones grammaticaux.**

Quiz EXPRESS 64

Avez-vous bien révisé les fiches 60 à 63 ? On vérifie !

Améliorer ses écrits

1 Faire des phrases courtes et bien construites ▶ FICHE 60

Cochez la phrase incorrecte.

☐ **a.** On étudiera si le récit est autobiographique.

☐ **b.** Il aime le théâtre et la course à pied.

2 Exprimer des relations logiques ▶ FICHE 61

Reliez chaque connecteur à la relation logique qu'il exprime.

a. en revanche	•	•	cause
b. comme	•	•	opposition
c. parce que	•	•	comparaison
d. également	•	•	hypothèse
e. soit… soit	•	•	concession
f. bien que	•	•	addition

3 Éviter les répétitions ▶ FICHE 62

Comment éviter la répétition du nom « avarice » ?
Harpagon est connu pour son avarice. Son avarice le conduit à vouloir marier sa fille à un homme riche mais âgé.

☐ **a.** en remplaçant « avarice » par *celle-là*

☐ **b.** en remplaçant « avarice » par *qui* et en ne faisant qu'une seule phrase

☐ **c.** en remplaçant « son avarice » par *ce défaut*

4 Écrire sans fautes ▶ FICHE 63

Quelle est la forme juste ?

a. Il est ☐ sensé ☐ censé venir tous les matins.

b. La ☐ cour ☐ cours de Louis XIV.

c. Il ☐ est ☐ et arrivé ce matin.

CORRIGÉS

1 Faire des phrases courtes et bien construites

La phrase **b** est correcte syntaxiquement puisque les séquences coordonnées par *et* sont toutes deux nominales.
En revanche, la phrase **a** est incorrecte : *étudier* doit être remplacé par *demander* qui peut introduire une interrogation indirecte.

2 Exprimer des relations logiques

a. en revanche – opposition

b. comme – comparaison

c. parce que – cause

d. également – addition

e. soit... soit – hypothèse

f. bien que – concession

Conseil

À la maison ou en situation d'examen, gardez toujours une dizaine de minutes pour vous relire et vous corriger.

3 Éviter les répétitions

Réponse c.
Et par rapport à la syntaxe et par rapport au sens, la meilleure solution est de remplacer « son avarice » par *ce défaut*.

4 Écrire sans fautes

a. *Censé* est suivi d'un infinitif et signifie « il est supposé » + verbe. Alors que *sensé* est construit sur le nom *sens* : « être sensé », signifie avoir du bon sens (antonyme : *insensé*, *fou*).

b. Ne pas confondre la *cour* de Louis XIV / de l'école et le *cours* de la rivière / de français.

c. Il s'agit bien sûr du verbe *être* conjugué : *est*. Ce genre de faute est souvent dû à une confusion entre le son /e/ et /ɛ/ à l'oral.

Améliorer ses écrits

1

Quel est l'usage du point-virgule ?

FICHE 60

2

Quel signe de ponctuation peut remplacer un connecteur de cause ?

FICHE 61

3

Quelle relation logique exprime le connecteur « néanmoins » ?

FICHE 61

4

Donnez deux synonymes du mot « livre ».

FICHE 62

5

Qu'est-ce qu'un pléonasme ?

FICHE 62

6

Comment se construit un adverbe ? Donnez un exemple.

FICHE 63

7

Lorsque deux verbes se suivent, dans quel cas le second n'est pas à l'infinitif ?

FICHE 63

8

Quelle est la règle pour le pluriel des mots composés ? (ex. : chef-d'œuvre).

FICHE 63

RÉPONSES

Efforcez-vous de répondre aux questions par vous-même avant de consulter les réponses, puis révisez régulièrement pour bien mémoriser.

1

Le **point-virgule** a la même valeur qu'un point, mais établit une continuité entre les deux idées. Il ne remplace pas la virgule.

2

Les deux points peuvent **remplacer un connecteur de cause**.

3

Néanmoins exprime une relation d'opposition.

4

Synonymes de livre :
1. ouvrage
2. bouquin

5

Pléonasme : la répétition dans un même énoncé de mots ayant le même sens.

6

L'adverbe se construit sur le féminin de l'adjectif : lent [masc.] à lent**e** [fém.] à len**te**ment [adv.]

7

Lorsque **deux verbes se suivent**, le second est à l'**infinitif** sauf si le premier verbe est un auxiliaire (*être* ou *avoir*).

8

On ne met un *s* qu'aux mots qui prennent cette marque du **pluriel** quand ils ne figurent pas dans le **mot composé**.

Se présenter devant un public

66

☐ OK

Avec de l'entraînement, vous pouvez apprendre à bien gérer votre corps et votre attitude de manière à ne pas trahir votre stress.

I Gérer son stress

1 Comprendre le mécanisme à l'origine du stress

- Le stress est une **réaction normale** qui manifeste l'importance que revêt l'examen à vos yeux. Lors d'une épreuve orale, ce sentiment est renforcé par la peur d'être jugé(e).
- Votre cerveau interprète la situation comme un danger : il libère de l'adrénaline pour **mettre le corps en alerte**. Le rythme cardiaque et la respiration s'accélèrent, les muscles se contractent… Nos ancêtres étaient alors prêts à fuir ou à combattre !
- Votre objectif est de faire comprendre à votre cerveau que **vous n'êtes pas réellement en danger**. Pour cela, concentrez-vous sur votre **respiration** : respirer profondément revient à envoyer au cerveau un message de fin d'alerte. La libération d'adrénaline prend fin et les manifestations extérieures du stress disparaissent progressivement.
- Il ne faut pas, pour autant, chercher à supprimer totalement le stress : il permet de maintenir une pression qui vous aide à vous **surpasser**.

2 Se préparer efficacement

- Un oral se prépare comme une performance physique, à force d'entraînement. N'hésitez pas à **répéter votre prestation** devant une caméra ou un miroir en travaillant les postures, les gestes et la voix.
- **Prenez la parole** aussi souvent que possible en public : cela vous permettra de prendre confiance en vous et d'apprendre progressivement à maîtriser votre stress.
- Avant l'oral, isolez-vous et **visualisez le déroulement de l'épreuve** comme un film avec de nombreux détails. Ne vous laissez pas envahir par les pensées négatives.

> **Conseil**
> Pour éviter tout stress, arrivez en avance, prenez le temps de vous installer et n'oubliez pas de prendre une montre pour gérer votre temps.

- **Ne révisez pas à la dernière minute** et ne doutez pas de votre prestation dans les derniers instants. **Détendez-vous,** sortez vous aérer, faites du sport, écoutez de la musique…

II Adopter la bonne attitude

1 Si vous devez rester debout

- **Centrez-vous** par rapport à votre public et posez vos notes à proximité. **Ancrez bien vos pieds au sol**, de manière à avoir une assise stable.
- Placez dès le départ **vos mains à hauteur de votre ventre**, sans les laisser pendre le long du corps. Vous pouvez les croiser devant vous et les dénouer lorsqu'il sera nécessaire d'appuyer le propos.
- **Évitez de vous balancer** de droite à gauche ou d'avant en arrière, de croiser et décroiser les jambes, etc.

2 Si vous devez vous asseoir

- Attendez un signe de votre interlocuteur avant de vous asseoir. Prenez le temps de **positionner votre siège droit**, en face de la ou des personne(s) à qui vous vous adressez.
- **Posez vos notes et vos mains visibles sur la table** afin d'avoir les mains libres pour appuyer votre discours par des gestes.
- **Tenez-vous droit·e**, légèrement penché·e en avant, plutôt qu'en arrière, afin de faciliter les échanges. Au cours des différentes phases de votre intervention, **surveillez vos changements de position**, notamment ceux qui trahissent un relâchement de l'attention (placement des mains sous la table, appui sur le dossier…).

> **Conseil**
> Avoir un stylo dans les mains peut vous donner une contenance, à condition bien sûr de ne pas jouer avec le bouchon ni de le faire tourner.

L'ESSENTIEL

Se présenter devant un public

Gérer son stress
- prendre le temps de s'installer confortablement
- respirer profondément

Adopter la bonne attitude
- adopter une posture dynamique
- regarder régulièrement l'examinateur
- se montrer réactif et de bonne volonté lorsqu'on vous interroge

Capter l'attention de l'auditoire

67

☐ OK

Une fois installé·e, il ne suffit pas de maîtriser son stress et son sujet, il faut aussi être efficace et convaincre le jury. Le visage et ses expressions, ainsi que la gestuelle, sont alors essentiels pour renforcer le propos.

I Établir le contact

- Le premier contact est essentiel. Dès l'entrée dans la salle, donnez l'impression d'être ouvert à l'échange, avenant, sans être trop familier.
- Le sourire est l'atout indispensable pour détendre l'atmosphère et gagner la sympathie du jury. Il ne s'agit pas de rire faussement ou de sourire en permanence mais d'afficher une attitude aimable.
- La politesse est de mise, même si parfois le stress fait oublier les fondamentaux de la courtoisie : saluer vos interlocuteurs, remercier, attendre d'être invité à s'asseoir ou à partir avant de le faire.
- Montrez-vous à l'écoute des attentes du jury sans foncer tête baissée dans vos explications. Laissez à vos examinateurs le temps de s'installer et prenez le temps de disposer les documents dont vous aurez besoin.

II Communiquer efficacement

1 Regarder l'examinateur

- Se trouver face à face avec un ou des examinateur·s peut être impressionnant. Ne vous laissez pas déstabiliser par les regards portés sur vous : tentez d'en faire abstraction en imaginant que ce sont des professeurs que vous connaissez.
- Ne rédigez pas vos fiches pour ne pas être tenté·e de les lire et détachez-vous au maximum de vos notes, au moins dans les moments cruciaux de votre intervention.
- Regardez chacun de vos interlocuteurs. Ne les fixez pas, mais accordez-leur des regards réguliers, afin de capter leur attention.
- Évitez de regarder ailleurs, ce qui donnera l'impression d'être fuyant. Inutile donc de fixer vos pieds, le plafond, ou encore le mur au fond de la salle.

Conseil

Entraînez-vous avec des amis à faire une présentation. Invitez-les à se placer dans des endroits différents d'une salle et demandez-leur de lever la main dès qu'ils se sentent regardés pendant votre prise de parole. Vous vous apercevrez rapidement que vous avez tendance à regarder toujours les mêmes personnes.

2 Soigner la gestuelle

- **Évitez de rester trop statique** pendant votre intervention mais ne surchargez pas non plus votre intervention par des gestes répétitifs ou sans lien avec le propos.
- Vos gestes doivent intervenir à des moments essentiels de votre prise de parole afin d'**appuyer ce que vous dites**. Ils doivent donc coïncider avec ce que vous cherchez à exprimer : enthousiasme, opposition, implication personnelle…

3 Éviter la monotonie

- **Variez les intonations** pour donner de la vivacité à ce que vous dites et ne pas ennuyer votre jury.
- **Insistez** sur les aspects essentiels en appuyant sur certains segments de phrases ; marquez les interrogations ou les exclamations par une **intonation expressive**.
- **Ayez l'air convaincu·e** de ce que vous affirmez en adoptant une voix claire et en apparaissant sûr·e de vous.

L'ESSENTIEL

Capter l'attention de l'auditoire

Établir le contact
- être ouvert à l'échange
- être souriant et poli
- se montrer à l'écoute

Communiquer efficacement
- regarder l'examinateur
- appuyer son propos par des gestes signifiants
- varier les intonations

Se faire comprendre

68

☐ OK

Si une grande partie de la communication repose sur l'attitude non verbale, il ne faut évidemment pas négliger l'aspect verbal de l'échange.

I Soigner son élocution

- **Parlez distinctement** en articulant pour être bien compris. Faites particulièrement attention à ne pas « avaler » les fins de phrases et les fins de mots.
- **Adaptez le volume de votre voix** en fonction de la proximité avec votre auditoire. Ni trop fort, ni pas assez, vous devez trouver le juste équilibre. N'hésitez pas à demander si vous parlez suffisamment fort.
- Parler face à un public ne s'improvise pas et, pour éviter de bafouiller, il est nécessaire d'exercer sa voix et de **s'entraîner**.

II S'exprimer correctement

1 Choisir ses mots

- Vous êtes jugé sur la **qualité de votre expression**, d'où l'importance de bien choisir vos mots. Il est parfois difficile de trouver la bonne formulation : prenez le temps de chercher les **termes** les plus **appropriés**.
- **Évitez les contractions** (« j'sais pas », « j'pense ») et prononcez correctement les négations incluant un « ne » audible. Si un terme familier vous échappe, reformulez dans un registre plus soutenu.

2 Bannir les tics de langage

Variables d'une époque à une autre, ces petits marqueurs de la communication sont à proscrire le jour de votre oral.

- Commencez par **repérer ceux que vous employez le plus souvent** et **entraînez-vous à vous en débarrasser** dans vos conversations courantes ou lors de vos prises de parole en classe. Il peut s'agir :
  - d'expressions en vogue (« genre », « carrément », « trop », « j'avoue »...) ;
  - de mots de liaison (« donc », « alors », « et voilà », « en fait »...) ;
  - d'onomatopées (« euh », « ben », « bah... »).
- Bannissez également la mise systématique entre guillemets (geste à l'appui) qui vous sert à justifier que vous n'avez pas trouvé le mot juste pour vous exprimer.

3 Répondre adroitement

- Prenez le temps de vous assurer que vous avez bien compris la question posée et vérifiez que vous n'avez pas juste saisi un mot à partir duquel vous allez construire votre raisonnement.
- Vous pouvez, ponctuellement, **reformuler la question posée** pour vous assurer de votre compréhension : « vous me demandez si », « vous voulez savoir comment ».
- **Évitez les modalisateurs qui expriment le doute** : « je crois que », « peut-être », « éventuellement ». Ne commencez pas votre réponse par un segment de phrase qui vous fait perdre toute crédibilité : « Je ne sais pas, mais… », « Je ne suis pas sûr, mais… ».

III Adopter le bon rythme

- Ne parlez **ni trop lentement**, pour avoir le temps de tout dire, **ni trop vite**, pour laisser au jury la possibilité d'intégrer ce que vous dites et de prendre des notes.
- **Trouvez le juste équilibre** en accélérant ou en ralentissant le débit :
  - accélérez au moment des exemples, des énumérations, des citations ;
  - ralentissez lorsque vous présentez le plan, lorsque vous abordez un aspect essentiel, lorsque vous voulez particulièrement retenir l'attention.
- N'hésitez pas à **reformuler** plusieurs fois un aspect important de votre intervention et à faire des pauses entre deux idées ou avant d'enchaîner sur un point important. On a souvent peur des silences à l'oral et pourtant, ils sont nécessaires.

L'ESSENTIEL

Soigner son élocution →
- trouver le bon volume
- parler distinctement en articulant
- surveiller son débit de parole
- faire des pauses pour marquer les moment clés

Soigner son expression →
- utiliser un niveau de langue courant ou soutenu
- chasser les tics de langage
- éviter les contactions (« j'pense »)
- éviter les expressions négatives (« je ne sais pas, mais… »)

Quiz EXPRESS

Avez-vous bien révisé les fiches 66 à 68 ? On vérifie !

69

Être à l'aise à l'oral

1 Se présenter devant un public

▶ FICHE 66

Cochez la ou les bonne(s) réponse(s).

Lorsque je suis debout face à un public…

☐ **a.** je m'appuie sur une table ou une chaise.

☐ **b.** je mets les mains dans mes poches.

☐ **c.** je relève mes manches.

☐ **d.** je m'avance vers l'auditoire

2 Capter l'attention de l'auditoire

▶ FICHES 67

Cochez la ou les bonne(s) réponse(s).

Pour appuyer mon discours, je peux…

☐ **a.** garde les bras le long du corps.

☐ **b.** croiser les bras.

☐ **c.** faire des gestes parasites.

☐ **d.** faire des gestes expressifs.

3 Se faire comprendre

▶ FICHE 68

Cochez la ou les bonne(s) réponse(s).

1. Pour bien se faire comprendre, il est nécessaire de…

☐ **a.** bien articuler.

☐ **b.** faire des pauses.

☐ **c.** garder le même rythme tout le temps.

☐ **d.** parler très lentement.

2. Quelle formulation est la plus convaincante ?

☐ **a.** « Je crois que Zola est un auteur naturaliste. »

☐ **b.** « Zola est sans conteste un auteur naturaliste. »

☐ **c.** « Zola est peut-être un auteur naturaliste. »

☐ **d.** « Zola est sans doute un auteur naturaliste. »

CORRIGÉS

1 Se présenter devant un public

Réponse d. Mettre ses mains dans les poches empêche de s'en servir pour communiquer. Relever ses manches trahit le stress, tout comme chercher un appui autour de soi.
En revanche, faire un pas en avant montre la détermination.

À noter

Lors d'un oral, il faut veiller à la fois aux dimensions verbale et non verbale de l'exercice : penser à ce qu'on dit et à comment on le dit (avec les mots et avec le corps).

2 Capter l'attention de l'auditoire

Réponse d. Il est important de joindre le geste à la parole, de manière à souligner ce qui est dit, plutôt que de nuire à la communication par des gestes répétitifs qui montrent le stress.

3 Se faire comprendre

1. **Réponses a et b.** L'essentiel est de prendre son temps, d'où l'importance de faire des pauses pour souligner ce qui est essentiel et reprendre sa respiration pour bien articuler ensuite.

2. **Réponse b.** Les modalisateurs donnent le ton du discours. Ils peuvent souligner la confiance en soi ou, au contraire, le doute. Il faut donc bien choisir ses mots et mettre l'accent sur ceux qui montrent la certitude.

Achevé d'imprimer en Espagne par Grafo à Basauri
Dépôt légal: n° 05272-7/01 - Novembre 2019